Yavaş Pişirme Büyüsü

Lezzet Dolu Yavaş Pişirme Tarifleri

Elif Çetin

İçindekiler

Kolay Pazar Sığır Sandviçleri

(Yaklaşık 8 saatte hazır | 6 kişilik)

İçindekiler

- 1 kavanoz sevdiğiniz spagetti sosu

- 3 kilo kızarmış dana eti

- 2 adet defne yaprağı

- 5-6 karabiber

- 1 su bardağı et suyu

- Süslemek için hardal

- Süslemek için turşu

Adresler

1. Güveç tencerenize tüm malzemeleri koyun. 8 saat kısık ateşte pişirin.

2. Defne yapraklarını ve karabiberleri çıkarın ve İngiliz keklerinin üzerine dökün.

3. Hardal ve turşuyla servis yapın ve afiyetle yiyin!

tembel adam pizzası

(Yaklaşık 4 saatte hazır | 4 kişilik)

İçindekiler

- 1 kiloluk hamburger, kızartılmış ve süzülmüş

- 1 kiloluk erişte, pişmiş

- 2 su bardağı mozzarella peyniri, rendelenmiş

- 2 biber, dilimlenmiş

- 1 doğranmış soğan

- 1 çay kaşığı toz sarımsak

- 1 kutu et çorbası

- 1 bardak mantar, dilimlenmiş

- 2 kavanoz pizza sosu

- 1/2 pound biberli, dilimlenmiş

Adresler

1.Güveç tencerenizde, katmanları yukarıda listelenen sırayla malzemelerle değiştirin.

2.Düşük ateşte 4 saat pişirin; sonra servis yapın.

Ballı ve Muzlu Çikolatalı Fransız Tostu

(Yaklaşık 2 saatte hazır | 6 kişilik)

İçindekiler

- 1 büyük dilimlenmiş ekmek, küp şeklinde kesilmiş
- 2 bardak yağsız süt
- 1/2 çay kaşığı kakule
- 1/2 çay kaşığı öğütülmüş karanfil
- 1 çay kaşığı tarçın tozu
- 1 yemek kaşığı fındık özü
- 5 büyük yumurta
- 2 tepeleme yemek kaşığı çikolatalı krema ve üzerini kaplayacak kadar daha fazla
- 1 yemek kaşığı tuzsuz tereyağı
- 4 dilimlenmiş muz
- 1 yemek kaşığı bal

Adresler

1.Ekmek küplerini güveç kabınıza koyun.

2.Büyük bir kapta süt, baharatlar, fındık özü, yumurta ve çikolatalı kremayı birleştirin. Birleştirmek için iyice çırpın.

3.Ekmeğin iyice batmasını sağlamak için bu karışımı güveç kabındaki ekmek küplerinin üzerine dökün.

4.Güveç tenceresinin kapağını kapatın ve yüksek ateşte yaklaşık 2 saat pişirin.

5.Bir tencereyi ısıtın ve tereyağını ekleyin. Muzları ve balı sıcak tereyağına ekleyin ve bir kez çevirerek 3 ila 4 dakika soteleyin.

6.Çikolatalı Fransız tostunu altı servis tabağına bölün, muz-bal karışımını ekleyin ve yağsız sütle tadını çıkarın!

Ağzınızda eriyen Fransız tostu

(Yaklaşık 5 saatte hazır | 8 kişilik)

İçindekiler

Fransız tostu için:

- Seçtiğiniz 12 ons dilimlenmiş ekmek
- 2 bardak tam yağlı süt
- 3 yumurta
- 1/2 su bardağı esmer şeker
- 1 yemek kaşığı badem özü
- 1/4 çay kaşığı öğütülmüş hindistan cevizi
- 1/4 çay kaşığı yenibahar
- 1/4 çay kaşığı zerdeçal tozu
- 1 çay kaşığı tarçın tozu
- 1 su bardağı iri kıyılmış badem
- 3 yemek kaşığı tuzsuz tereyağı, eritilmiş
- 2 dilimlenmiş muz

Sosu için:

- 1/2 su bardağı esmer şeker

- 1/2 bardak yarım ve yarım krema

- 1/2 bardak tereyağı

- 2 yemek kaşığı mısır şurubu

- 1 çay kaşığı badem özü

Adresler

1. Fırını önceden 300 derece F'ye ısıtın. Güveç kabını tek kullanımlık yemek takımı astarlarıyla kaplayın.

2. Bir fırın tepsisine ekmek küplerini tek bir kat halinde yerleştirin. Yaklaşık 15 dakika veya ekmek altın rengi kahverengi olana kadar pişirin. Daha sonra ekmek küplerini hazırlanan güveç kabına geri koyun.

3. Büyük bir kapta tam yağlı sütü, yumurtayı, şekeri, badem özünü, hindistan cevizini, yenibaharı, zerdeçalı ve tarçını birlikte çırpın. Bu baharat karışımını güveçteki ekmek küplerinin üzerine dökün. Ekmek küplerini ıslatmak için bir kaşıkla bastırın.

4.Küçük yapışmaz bir tavada bademleri birkaç dakika kızartın. Kavrulmuş bademleri eritilmiş tereyağıyla birleştirin. Bu karışımı düdüklü tenceredeki malzemelerin üzerine dökün.

5.Kapağını kapatın ve yaklaşık 5 saat pişirin. Astarı bulaşıklardan çıkarın ve Fransız tostunu ayırın.

6.Daha sonra sosu hazırlayın. Orta boy bir tencerede, orta-yüksek ateşte, sos için gerekli malzemeleri pişirin. Kaynatın, ısıyı en aza indirin ve 3 dakika daha pişirin.

7.Hazırlanan sosu oda sıcaklığına kadar soğutabilir veya buzdolabına koyabilirsiniz. Sosu Fransız tostunun üzerine dökün, üzerine muz dilimlerini ekleyin ve tadını çıkarın!

Kruvasan ile ev yapımı yoğurt

(Yaklaşık 8 saatte hazır | 16 kişilik)

İçindekiler

- 1/2 galon yağsız süt

- 1/2 su bardağı süt tozu

- Oda sıcaklığında aktif yoğurt kültürleri ile 1/4 bardak sade yoğurt

- Aralarından seçim yapabileceğiniz 16 kruvasan

Adresler

1. Orta ateşteki bir tencerede süt ve süt tozunu birleştirin. Anında okunan bir termometre yaklaşık 180 derece F kaydedene kadar sürekli karıştırarak pişirin.

2. Daha sonra oda sıcaklığına soğutun.

3. Bir kapta 1 su bardağı ılık süt karışımı ile sade yoğurdu birleştirin. Pürüzsüz olana kadar çırpın. Daha sonra süt ve yoğurt karışımını yavaş yavaş tencereye dökün ve sürekli karıştırın.

4.Hazırlanan karışımı konserve kavanozlarına dökün ve güveç kabına yerleştirin. Güveç kabına yeterince sıcak su dökün. Su dolu kavanozların kenarlarının yarısına kadar gelmeli.

5.5 dakika boyunca YÜKSEK derecede pişirin. Daha sonra karışım koyulaşana kadar yaklaşık 4 saat bekletin. Tencereyi her saat başı 5 dakika yüksek ateşte çevirmek önemlidir.

6.Yoğurdu en az 4 saat veya yoğurt sertleşinceye kadar soğutun. Buzdolabında saklayın ve en sevdiğiniz kruvasanlarla birlikte servis yapın. Eğlence!

Yaban Mersinli Hindistan Cevizli Yulaf Ezmesi

(Yaklaşık 6 saatte hazır | 8 kişilik)

İçindekiler

- 2 su bardağı çelik kesilmiş yulaf

- 4 bardak su

- 2 bardak hindistan cevizi suyu

- 1/2 su bardağı kıyılmış badem

- 1 yemek kaşığı esmer şeker

- 1/2 çay kaşığı öğütülmüş tarçın

- 1/2 çay kaşığı tuz

- 1/4 su bardağı kurutulmuş kızılcık

- 1/4 bardak doğranmış kayısı

- Süslemek için rendelenmiş hindistan cevizi

Adresler

1.Bir güveç tenceresinde yulaf, su, hindistan cevizi suyu, badem, şeker, tarçın ve tuzu birleştirin. Kapak; yaklaşık 6 saat kaynatın.

2.Her porsiyonun üzerine yaban mersini, kayısı ve hindistancevizi serpip sıcak olarak servis yapın.

Gecelik Kuru Meyveli Yulaf

(Yaklaşık 6 saatte hazır | 8 kişilik)

İçindekiler

- 2 su bardağı çelik kesilmiş yulaf

- 1 bardak kuru üzüm

- 1 su bardağı kurutulmuş kiraz

- 1 su bardağı kuru incir

- 8 bardak su

- 1 bardak yarım buçuk

Adresler

1. Bir güveç kabına tüm malzemeleri koyun.

2. Düdüklü tencereyi kısık ateşte yerleştirin ve kapağını kapatın.

3. Gece boyunca veya 8 ila 9 saat pişirin.

Portakallı Haşhaşlı Ekmek

(Yaklaşık 2 saatte hazır | 12 kişilik)

İçindekiler

- Yapışmaz sprey yağı
- 1/4 su bardağı haşhaş tohumu
- 2 su bardağı dilediğiniz çok amaçlı un
- 1 yemek kaşığı karbonat
- 1 yemek kaşığı bal
- 3/4 su bardağı esmer şeker
- 1/2 çay kaşığı koşer tuzu
- 3 büyük yumurta
- 1/2 bardak kanola yağı
- 1/2 bardak ekşi krema
- 1/4 bardak tam yağlı süt
- 1 çay kaşığı portakal kabuğu rendesi
- 1/4 su bardağı taze portakal suyu
- 1 çay kaşığı vanilya özü

1.Bir güveç kabını yapışmaz pişirme spreyi ile kaplayın.

2.Bir kapta haşhaş tohumlarını, unu ve kabartma tozunu birlikte çırpın ve bir kenara koyun.

3.Başka bir kapta bal, şeker, tuz, yumurta, kanola yağı, ekşi krema, tam yağlı süt, portakal kabuğu rendesi, portakal suyu ve 1 çay kaşığı vanilya ekstraktını birleştirin. Bu portakal karışımını haşhaş tohumu karışımına ekleyin. Birleştirmek için karıştırın ve hazırlanan güveç kabına yerleştirin.

4.Kapağını kapatıp yüksek ateşte yaklaşık 2 saat pişirin.

5.Servis yapmadan önce tamamen soğumasını bekleyin ve taze sıkılmış portakal suyuyla keyfini çıkarın.

Pastırma ve Sebzeli Kiş

(Yaklaşık 5 saatte hazır | 6 kişilik)

İçindekiler

- Tek kullanımlık yavaş pişirici astarı

- 4 dilim pastırma

- 1 yemek kaşığı zeytinyağı

- 1 kırmızı biber doğranmış

- 1 doğranmış yeşil biber

- 2 su bardağı doğranmış mantar

- 1 bardak ıspanak

- 1 ½ su bardağı rendelenmiş İsviçre peyniri

- 2 bardak tam yağlı süt

- 8 büyük yumurta

- 1 çay kaşığı toz sarımsak

- 1 yemek kaşığı taze fesleğen

- 1 çay kaşığı ince deniz tuzu

•1/4 çay kaşığı acı biber

•1/4 çay kaşığı öğütülmüş karabiber

•1/2 bardak kurabiye karışımı

Adresler

1.Güveç tencerenizi tek kullanımlık yavaş pişirici astarı ile hizalayın.

2.Bir tencerede pastırma dilimlerini gevrekleşinceye kadar kızartın; boşaltın ve parçalayın.

3.Aynı tencerede zeytinyağını orta-düşük ateşte ısıtın. Biber ve mantarları yumuşayana kadar soteleyin. Ispanak ve İsviçre peynirini ekleyin.

4.Bir kapta süt, yumurta, toz sarımsak, fesleğen, tuz, kırmızı biber ve karabiberi birleştirin. Bu karışımı tenceredeki mantarlı karışıma ekleyin.

5.Daha sonra kurabiye karışımını ekleyin. Hazırlanan karışımı tencereden güveç kabına aktarın. Üzerine ufalanmış pastırmayı yayın.

6.Bir kapakla örtün; 5 saat kısık ateşte pişirin. Servis yapmadan önce biraz soğumaya bırakın, servis tabaklarına paylaştırın ve tadını çıkarın!

Cevizli Baharatlı Yulaf Ezmesi

İçindekiler

- 1 su bardağı çelik kesilmiş yulaf
- 1 yemek kaşığı tereyağı
- 1/4 çay kaşığı zerdeçal tozu
- 1/2 çay kaşığı yenibahar
- 2 yemek kaşığı akçaağaç şurubu
- 1 su bardağı kuru incir
- 1 su bardağı kuru kayısı
- 2 bardak su
- 2 bardak hindistan cevizi suyu
- 1/2 bardak yarım buçuk
- 1/2 çay kaşığı deniz tuzu

Adresler

1.Tüm malzemeleri güveç tencerenizde birleştirin.

2.Düdüklü tencereyi bir kapakla kapatın. Kısık ateşte 8 saat, yüksek ateşte 4 saat pişirin.

3.Dilediğiniz kıyılmış fındıkla servis yapın!

Jambonlu ve Peynirli Aile Lokumu

(Yaklaşık 4 saatte hazır | 6 kişilik)

İçindekiler

- Yapışmaz sprey yağı

- 1 bardak tam yağlı süt

- 2 su bardağı hafif krema

- 4 yumurta

- 1 kırmızı biber doğranmış

- 1 adet doğranmış sarı biber

- 1 soğan ince doğranmış

- 1 çay kaşığı kurutulmuş fesleğen

- 1/4 çay kaşığı zerdeçal tozu

- 1 çay kaşığı kurutulmuş kekik, ezilmiş

- 1/2 acı biber

- 1/4 çay kaşığı öğütülmüş karabiber

- 6 su bardağı kızarmış ekmek küpleri

•1 su bardağı pişmiş jambon, doğranmış

•1/2 su bardağı sert peynir, küp şeklinde kesilmiş

•1/3 su bardağı kurutulmuş domates

Adresler

1.Güveç kabını pişirme spreyi ile hafifçe yağlayın.

2.Bir kapta sütü, hafif kremayı ve yumurtaları birlikte çırpın. Kırmızı dolmalık biber, sarı dolmalık biber, soğan, fesleğen, zerdeçal, kekik, kırmızı biber ve karabiberi ekleyin.

3.Daha sonra ekmek küplerini, jambonu, peyniri ve domatesleri ekleyin. Karışımı düdüklü tencereye ekleyin.

4.Yaklaşık 4 saat veya ortasına batırdığınız kürdan (bıçak) temiz çıkana kadar pişirin. Eğlence!

Cadılar Bayramı Kızılcık Ekmeği

(Yaklaşık 2 saatte hazır | 8 kişilik)

İçindekiler

- Yapışmaz sprey yağı

- 3/4 bardak konserve kabak

- 1/2 bardak yarım buçuk

- 2 yemek kaşığı şeker

- 1 çay kaşığı tarçın tozu

- 1/4 çay kaşığı kakule

- 1/4 çay kaşığı yenibahar

- 2 fincan çok amaçlı un

- 1 çay kaşığı karbonat

- 1 çay kaşığı kabartma tozu

- 1/2 çay kaşığı tuz

- 1/4 bardak tuzsuz tereyağı, küp şeklinde

•1/2 bardak yaban mersini

•1/2 bardak akçaağaç şurubu

•2 yemek kaşığı eritilmiş tereyağı

•1/2 su bardağı kıyılmış ceviz, kızartılmış

Adresler

1.Yapışmaz pişirme spreyi ile güveç kabınızı yağlayın.

2.Bir kapta balkabağını yarım buçuk, şeker ve baharatlarla birleştirin.

3.Büyük bir kapta 2 su bardağı un, kabartma tozu, kabartma tozu ve tuzu birlikte çırpın. Daha sonra soğuk tereyağını kesin. Hazırlanan un karışımına kabak karışımını ekleyin. Birleştirmek için yavaşça karıştırın.

4.Kızılcıkları hamura ekleyin.

5.Karışımı güveç kabınıza dökün. Akçaağaç şurubunu ve eritilmiş tereyağını hamurun üzerine dökün. Daha sonra üzerine cevizleri serpin.

6.Yaklaşık 2 saat boyunca yüksek ateşte pişirin. Sıcak servis yapın.

Kuru incirli ekmek pudingi

(Yaklaşık 3 saatte hazır | 6 kişilik)

İçindekiler

- 8 su bardağı dilediğiniz ekmek küpü

- 1/2 bardak kuru incir, doğranmış

- 4 orta boy yumurta

- 2 bardak tam yağlı süt

- 1/4 su bardağı eritilmiş tereyağı

- 1 çay kaşığı bal

- 1/4 su bardağı esmer şeker

- 1/4 çay kaşığı nane özü

- 1/4 çay kaşığı öğütülmüş tarçın

Adresler

1.Hazırlanan ekmek küplerini kuru incirlerle birlikte toprak bir tencereye koyun.

2.Büyük bir kapta yumurtaları, sütü, tereyağını, balı, esmer şekeri, nane özünü ve tarçını birlikte çırpın. Bu karışımı düdüklü tencereye dökün. Ceketini fırlat.

3.Yaklaşık 3 saat kısık ateşte pişirin.

Baharatlı Elmalı Ekmek Pudingi

(Yaklaşık 3 saatte hazır | 8 kişilik)

İçindekiler

- 4 orta boy elma, çekirdekleri çıkarılmış ve doğranmış

- 3 su bardağı kuşbaşı ekmek

- 3 büyük yumurta

- 3/4 su bardağı kompakt esmer şeker

- 1/4 çay kaşığı yenibahar

- 1/2 çay kaşığı öğütülmüş karanfil

- 1 çay kaşığı tarçın tozu

- 1 çay kaşığı hindistan cevizi

- 2 (12 fl oz) kutu buharlaştırılmış süt

Adresler

1.Elmaları ve ekmek küplerini bir güveç kabına yerleştirin.

2.Bir kapta yumurtaları köpürene kadar çırpın. Kalan malzemeleri ekleyin ve birleştirmek için karıştırın.

3.Hazırlanan yumurta karışımını güveçteki elmaların ve ekmeğin üzerine dökün.

4.Yüksek ateşte 4 saat veya muhallebi oluşana kadar pişirin.

Büyükannenin Elmalı Yulaf Ezmesi

(Yaklaşık 6 saatte hazır | 8 kişilik)

İçindekiler

- Eritilmiş margarin

- 8 bardak su

- 4 bardak şekersiz elma püresi

- 1 1/2 su bardağı çelik kesilmiş yulaf

- 2 orta boy elma, doğranmış

- Tatmak için rendelenmiş hindistan cevizi

- Tatmak için kakule

- Tatmak için öğütülmüş tarçın

- 2 yemek kaşığı bal

Adresler

1.Güveç kabınızı margarinle hafifçe yağlayın.

2.Geri kalan malzemeleri büyük bir karıştırma kabında birleştirin. Bu karışımı düdüklü tencereye dökün.

3.En az 6 saat kısık ateşte pişirin.

Çocuklar için çikolatalı yulaf ezmesi

(Yaklaşık 6 saatte hazır | 10 kişilik)

İçindekiler

- Yapışmaz sprey yağı

- 10 bardak su

- 6 muz, püresi

- 2 yemek kaşığı chia tohumu

- 7-8 adet kurutulmuş hurma

- 2 su bardağı çelik kesilmiş yulaf

- 1 çay kaşığı tarçın tozu

- 1/2 bardak şekersiz kakao tozu

Adresler

1.Güveç kabını pişirme spreyi ile hafifçe yağlayın.

2.Kalan malzemeleri hazırlanan güveç tenceresinde karıştırın.

3.Yaklaşık 6 saat kadar kaynatın.

Vanilyalı Yaban Mersinli Kinoa

(Yaklaşık 6 saatte hazır | 6 kişilik)

İçindekiler

- 4 su bardağı vanilya aromalı badem sütü

- 4 bardak su

- 2 bardak kinoa

- 2 bardak yaban mersini

- 1/4 çay kaşığı rendelenmiş hindistan cevizi

- 1/4 çay kaşığı öğütülmüş tarçın

- 1/3 su bardağı keten tohumu

- 1/3 su bardağı esmer şeker

Adresler

1. Tüm malzemeleri bir güveç tenceresinde karıştırın.

2. Bir kapakla örtün; 8 saat veya gece boyunca düşük ateşte pişirin.

Kinoa Elma Portakal

(Yaklaşık 8 saatte hazır | 6 kişilik)

İçindekiler

- 2 bardak su

- 1 bardak kinoa

- 1 yemek kaşığı taze portakal suyu

- 2 bardak elma suyu

- 1 yemek kaşığı chia tohumu

- 1 çay kaşığı tarçın tozu

- 1/4 çay kaşığı rendelenmiş hindistan cevizi

- 1 bardak kuru üzüm

- 1 çay kaşığı vanilya özü

Adresler

1. Tüm malzemeleri güveç tencerenizde birleştirin.

2. Bir kapakla örtün; 6 ila 8 saat kısık ateşte pişirin.

Kolay Lezzetli Kahvaltı Güveç

(Yaklaşık 12 saatte hazır | 8 kişilik)

İçindekiler

- 1 torba (32 ons) patates kızartması, dondurulmuş
- 2 havuç, ince dilimlenmiş
- 1 sarı soğan doğranmış
- 3 diş sarımsak, kıyılmış
- 1 kilo pişmiş jambon
- 2 su bardağı kaşar peyniri, rendelenmiş
- 8 yumurta
- 1 bardak tam yağlı süt
- 1 çay kaşığı deniz tuzu
- 1/4 çay kaşığı öğütülmüş karabiber
- 1/4 çay kaşığı ezilmiş kırmızı biber

Adresler

1.Toprak bir kapta, katmanları şu şekilde değiştirin: 1/2 patates kızartması, 1/2 havuç, 1/2 soğan, 1/2 sarımsak, 1/2 pişmiş jambon ve 1/2 patates. 2 kaşar peyniri. Bir kez daha tekrarlayın.

2.Bir kapta yumurtaları çırpın; daha sonra kalan malzemeleri ekleyin.

3.Bu karışımı yavaş tencereye dökün; kapak; 10 ila 12 saat kaynatın.

Restoran Usulü Hash Browns

İçindekiler

- 1 torba (32 ons) doğranmış patates

- 1 pound hindi pastırması, pişmiş

- 1 jalapeno biber, doğranmış

- 3 diş sarımsak, ezilmiş

- 1 bardak yeşil soğan, doğranmış

- 1 su bardağı kaşar peyniri

- 1 bardak tam yağlı süt

- 12 yumurta

- 1 çay kaşığı tuz

- 1/2 çay kaşığı öğütülmüş karabiber

- 1 çay kaşığı kurutulmuş kekik

1.Güveç tencerenizde katmanları şu şekilde değiştirin: 1/2 patates kızartması, 1/2 domuz pastırması, 1/2 jalapeno biber, 1/2 sarımsak, 1/2 soğan, 1/2 peynir.

2.Daha sonra şu katmanları ekleyin: 1/2 patates kızartması, 1/2 pastırma, 1/2 jalapeno biber, 1/2 sarımsak, 1/2 soğan, 1/2 peynir.

3.Bir kapta süt, yumurta, tuz, karabiber ve kekiği birleştirin. Bu karışımı düdüklü tencereye dökün.

4.8 saat veya gece boyunca pişirin.

Kabak Çekirdeği ile Kremalı Hindistan Cevizi Yulaf Ezmesi

(Yaklaşık 8 saatte hazır | 12 kişilik)

İçindekiler

- 4 su bardağı çelik kesilmiş yulaf

- 2 kutu hindistan cevizi sütü

- 10 bardak su

- 1/4 çay kaşığı kakule

- 1/2 çay kaşığı öğütülmüş tarçın

- 1 çay kaşığı badem özü

- 3 yemek kaşığı hindistan cevizi şekeri

- Süslemek için 1/2 su bardağı hindistan cevizi

- Süslemek için kabak çekirdeği

Adresler

1.Güveç tencerenize yulaf, hindistan cevizi sütü, su, kakule, tarçın, badem özü ve hindistan cevizi şekerini koyun.

2.Isıyı en aza indirin ve yaklaşık 8 saat veya krema kıvamına gelinceye kadar pişirin.

3.Hindistan cevizi gevreği ve kabak çekirdeği ile süsleyin!

Vanilya ve bademli yulaf

İçindekiler

- 2 su bardağı vanilya aromalı badem sütü

- 2 su bardağı çelik kesilmiş yulaf

- 8 bardak su

- 1 çay kaşığı tarçın tozu

- 1/2 çay kaşığı rendelenmiş hindistan cevizi

- 1/4 çay kaşığı öğütülmüş karanfil

- 1 çay kaşığı vanilya özü

- 3 yemek kaşığı akçaağaç şurubu

- Süslemek için kuru üzüm

- Süslemek için chia tohumları

Adresler

1.Güveç tencerenize badem sütü, yulaf ezmesi, su, tarçın, hindistan cevizi, karanfil, vanilya özü ve akçaağaç şurubunu koyun.

2.Güveç tenceresini kısık ateşte koyun ve yulafları yaklaşık 8 saat pişirin.

3.Kuru üzüm ve chia tohumlarıyla süsleyin ve tadını çıkarın!

Lezzetli kış kahvaltısı

(Yaklaşık 8 saatte hazır | 12 kişilik)

İçindekiler

- Yapışmaz sprey yağı

- 1 paket (26 ons) doğranmış patates

- 2 bardak sosis

- 2 su bardağı kaşar peyniri, rendelenmiş

- 10 yumurta

- 1 bardak süt

- 1/2 çay kaşığı kurutulmuş tarhun

- 1 yemek kaşığı granül sarımsak

- 1/4 çay kaşığı öğütülmüş karabiber

- 1 çay kaşığı tuz

Adresler

1.Güveç kabınızı pişirme spreyi ile yağlayın. Hash kahverengi patatesleri güveç kabının dibine yerleştirin.

2.Dökme demir tavayı orta-yüksek ateşte ısıtın. Daha sonra sosisleri altın rengi kahverengi olana kadar yaklaşık 6 dakika pişirin. Daha sonra pişmiş sosisleri patates kızartmasının üzerine yayın.

3.Üzerine rendelenmiş peyniri yerleştirin.

4.Geniş bir kapta yumurtaları sütle köpürene kadar çırpın. Baharatları ekleyin ve birleştirmek için çırpın. Bu karışımı güveçteki katmanların üzerine dökün.

5.6 ila 8 saat kısık ateşte pişirin. Sıcak servis yapın!

Peynirli Patates Kızartması Güveç

(Yaklaşık 8 saatte hazır | 6 kişilik)

İçindekiler

- •4 Bratwurst sosisi, pişmiş

- •2 su bardağı karma kahverengi patates

- •1 su bardağı baharatlı peynir, rendelenmiş

- •1 bardak tam yağlı süt

- •4 büyük yumurta

- •1 yemek kaşığı granül sarımsak

- •1/4 çay kaşığı öğütülmüş karabiber

- •1 çay kaşığı tuz

- •1 çay kaşığı kuru hardal

Adresler

1.Bir tencerede sosisleri pembeleşinceye kadar pişirin. Hash kahverengi patatesleri bir güveç kabına yerleştirin.

2.Pişen sosisleri yağlarıyla birlikte güveçte dönüştürün. Üzerine sert peynir koyun.

3.Bir kapta geri kalan malzemeleri birleştirin. Bu yumurta karışımını güveç kabına dökün.

4.Yaklaşık 8 saat veya gece boyunca pişirin. Hardal ve ekşi krema ile servis yapın.

Şükran günü pastırma güveç

(Yaklaşık 10 saatte hazır | 10 kişilik)

İçindekiler

- 1 yemek kaşığı zeytinyağı
- 1 su bardağı doğranmış yeşil soğan
- 1 yeşil dolmalık biber, ince dilimlenmiş
- 1 kırmızı dolmalık biber, ince dilimlenmiş
- 2 diş sarımsak, kıyılmış
- 2 pound karma kahverengi patates, dondurulmuş ve çözülmüş
- 8 dilim hindi pastırması, pişmiş
- 1 1/2 bardak gouda, rendelenmiş
- 10 büyük yumurta
- 1 bardak süt
- 1/4 çay kaşığı acı biber
- 1 çay kaşığı deniz tuzu
- 1/4 çay kaşığı öğütülmüş karabiber

•1 dolu yemek kaşığı taze maydanoz

•1/4 bardak frenk soğanı

Adresler

1.Dökme demir tavada, zeytinyağını orta ateşte ısıtın. Yeşil soğanları, dolmalık biberleri ve sarımsakları yeşil soğanlar yumuşayana kadar soteleyin. Haşlanmış kahverengileri ekleyin ve 2 dakika daha pişirin.

2.Soğan ve patates karışımının yarısını güveç tencerenize koyun; daha sonra pişmiş pastırmanın yarısını yerleştirin ve üzerine rendelenmiş Gouda peynirinin yarısını ekleyin.

3.Katmanları aynı şekilde tekrarlayın.

4.Yumurtaları kalan malzemelerle birlikte çırpın; Bu yumurta karışımını güveçteki peynir tabakasının üzerine dökün.

5.Düşük ateşte 8 ila 10 saat pişirin.

Muhteşem baharatlı omlet

(Yaklaşık 2 saatte hazır | 4 kişilik)

İçindekiler

- 6 yumurta

- 1/2 bardak tam yağlı süt

- 1 çay kaşığı deniz tuzu

- 1/4 çay kaşığı taze çekilmiş karabiber

- 1 çay kaşığı kurutulmuş fesleğen

- 1 çay kaşığı kurutulmuş kekik

- 1 çay kaşığı kurutulmuş kekik

- 1/4 çay kaşığı biber tozu

- 1 küçük baş karnabahar, çiçeklere bölünmüş

- 1 orta boy kırmızı soğan, doğranmış

- 1 diş sarımsak, kıyılmış

- 1 su bardağı kaşar peyniri, rendelenmiş

- Süslemek için frenk soğanı

•Süslemek için zeytin

Adresler

1.Güveç kabınızın içini hafifçe yağlayın.

2.Bir kasede veya ölçü kabında yumurtaları, sütü ve baharatları birlikte çırpın. Her şey iyice birleşene kadar karıştırın.

3.Karnabahar çiçeklerini, soğanı ve sarımsağı güveç kabına ekleyin. Baharatlı yumurta karışımını ekleyin.

4.Kapak; daha sonra yüksek ateşte yaklaşık 2 saat veya yumurtalar sertleşene kadar pişirin.

5.Üzerine rendelenmiş peyniri serpin ve üzerini kapatın; kaşar peyniri eriyene kadar bekletin.

6.Tortillayı dilimlere bölün, frenk soğanı ve zeytinle süsleyip servis yapın.

Gecelik Batı Omleti

(Yaklaşık 12 saatte hazır | 12 kişilik)

İçindekiler

- 2 pound karma kahverengi patates

- 1 bardak ıspanak

- 1 pound pişmiş jambon, dilimlenmiş

- 2 diş sarımsak, kıyılmış

- 1 sarı soğan, doğranmış

- 1 kırmızı dolmalık biber, çekirdeği çıkarılmış ve doğranmış

- 1 su bardağı rendelenmiş Gouda peyniri

- 10 yumurta

- 1 ½ bardak süt

- 1 çay kaşığı deniz tuzu

- 1/4 çay kaşığı taze çekilmiş karabiber

- 1/4 çay kaşığı biber tozu

Adresler

1.Yapışmaz pişirme spreyi ile güveç kabınızı hafifçe yağlayın.

2.Güveç tencerenizdeki alternatif katmanlar. Haşlanmış kahverengi patateslerin 1/3'ünü yerleştirin; ıspanağın 1/3'ünü yerleştirin; daha sonra pişmiş jambonun 1/3'ünü, sarımsağın 1/3'ünü, soğanın 1/3'ünü ve dolmalık biberin 1/3'ünü koyun.

3.Üstüne rendelenmiş Gouda peyniri ekleyin; aynı katmanları iki kez daha tekrarlayın.

4.Büyük bir kapta kalan malzemeleri karıştırın. Düdüklü tencereye dökün.

5.Bir kapakla örtün; 10 ila 12 saat kaynatın. Kızartılmış ekmek ve hardalla servis yapın.

Sebze ve Jambonlu Güveç

(Yaklaşık 8 saatte hazır | 4 kişilik)

İçindekiler

- 1/4 su bardağı sızma zeytinyağı

- 1 yaban havucu, soyulmuş ve doğranmış

- 1 şalgam, soyulmuş ve doğranmış

- 2 diş sarımsak, kıyılmış

- 1 su bardağı pişmiş jambon, küp şeklinde kesilmiş

- 3/4 bardak tam yağlı süt

- 4 büyük yumurta

- 1/4 çay kaşığı zerdeçal

- 1/2 çay kaşığı biberiye

- 1/4 çay kaşığı kurutulmuş kekik

- 1 dolu yemek kaşığı taze maydanoz

- Süslemek için kruton

Adresler

1.Güveç tencerenizde ilk dört malzemeyi birleştirin. Jambonla doldurun.

2.Bir kasede süt, yumurta ve baharatları çırpın. Güveç kabındaki sebzeleri ve jambonu üzerine dökün.

3.6 ila 8 saat kısık ateşte pişirin. Krutonla servis yapın.

Çilek ile Kremalı Yulaf Ezmesi

(Yaklaşık 8 saatte hazır | 4 kişilik)

İçindekiler

- 1 bardak yulaf

- 1/2 çay kaşığı yenibahar

- 2 bardak su

- 1 su bardağı hindistan cevizi suyu

- 1 tutam rendelenmiş hindistan cevizi

- 1 tutam öğütülmüş tarçın

- 1 tutam tuz

- 1 su bardağı yarım buçuk krema

- 1/4 su bardağı esmer şeker

- Süslemek için dilediğiniz meyveler

Adresler

1.Yatmadan hemen önce tüm malzemeleri (meyveler hariç) güveç kabına koyun.

2.Güveç tenceresini kısık ateşte koyun ve gece boyunca pişirin.

3.En sevdiğiniz meyvelerle veya karışık meyvelerle servis yapın ve sıcak tadını çıkarın!

Vegan Çelik Kesilmiş Yulaf

(Yaklaşık 3 saatte hazır | 6 kişilik)

İçindekiler

- 2 muz, püresi

- 1 su bardağı hindistan cevizi suyu

- 4 bardak su, bölünmüş

- 1 su bardağı çelik kesilmiş yulaf

- 1/4 su bardağı kuru incir

- 1/4 su bardağı kurutulmuş kızılcık

- 1 çay kaşığı vanilya özü

- 1/2 çay kaşığı kakule

- 1/2 çay kaşığı öğütülmüş tarçın

- Tatmak için hindistan cevizi şekeri

Adresler

1.Muzları blenderinizde püre haline getirin; daha sonra ezilmiş muzları bir güveç kabına aktarın.

2.Kalan malzemeleri ekleyin.

3.Orta ateşte 3 saat pişirin. Her 30 dakikada bir karıştırmayı unutmayın.

4.İstenirse ilave meyve ile servis yapın ve tadını çıkarın!

Çelik Kesilmiş Kabak Yulaf Ezmesi

(Yaklaşık 6 saatte hazır | 6 kişilik)

İçindekiler

- Yapışmaz sprey yağı

- 6 bardak su

- 1 ½ bardak çelik kesilmiş yulaf

- 1/2 su bardağı esmer şeker

- 1 kutu (15 ons) kabak püresi

- 1 çay kaşığı vanilya özü

- 1 çay kaşığı kakule

- 1 yemek kaşığı kabak tatlısı baharatı

- 1 çay kaşığı tarçın tozu

Adresler

1.Güveç kabınızı pişirme spreyi ile yağlayın.

2.Tüm malzemeleri yerleştirin.

3.6 saat kısık ateşte pişirin. Altı adet servis tabağına paylaştırıp üzerine kabak çekirdeği serpip servis yapın.

Ağız Sulandıran Fransız Tostu Güveç

(Yaklaşık 5 saatte hazır | 8 kişilik)

İçindekiler

- 2 somun ekmek, lokma büyüklüğünde küpler halinde kesilmiş

- 1 çay kaşığı limon kabuğu rendesi

- 6 büyük yumurta

- 1 ½ su bardağı süt

- 1 çay kaşığı saf badem özü

- 1 bardak yarım buçuk

- 1/4 çay kaşığı rendelenmiş hindistan cevizi

- 1/4 çay kaşığı öğütülmüş karanfil

- 1 çay kaşığı tarçın tozu

- 1 su bardağı esmer şeker

- 3 yemek kaşığı eritilmiş tereyağı

- 2 su bardağı kıyılmış badem

Adresler

1.Yapışmaz sprey veya eritilmiş tereyağı ile güveç kabını yağlayın.

2.Fırını önceden 225 derece F'ye ısıtın. Hazırlanan ekmek küplerini bir kurabiye tepsisine yerleştirin ve yaklaşık 30 dakika veya ekmek küpleri kuruyana kadar pişirin.

3.Ekmek küplerini güveç kabınızın dibine yerleştirin.

4.Limon kabuğu rendesi, yumurta, süt, badem özü, yarım buçuk, hindistan cevizi, karanfil ve tarçını karıştırın. Bu karışımı güveçteki ekmek küplerinin üzerine dökün.

5.Ayrı küçük bir kapta esmer şekeri, tereyağını ve bademleri birleştirin. Güveç tencerenizi ekleyin.

6.Güveç tenceresini kısık ateşte yerleştirin; kapağını kapatıp yaklaşık 5 saat pişirin.

7.İstenirse meyve ve akçaağaç şurubu ile servis yapın.

Tater Tot Kahvaltılık Güveç

(Yaklaşık 8 saatte hazır | 8 kişilik)

İçindekiler

- 1 paket (30 ons) tater tots

- 1 bardak pastırma

- 1 su bardağı doğranmış yeşil soğan

- 2 su bardağı baharatlı peynir, rendelenmiş

- 12 yumurta

- 1 bardak tam yağlı süt

- 3 yemek kaşığı çok amaçlı un

- 1/4 çay kaşığı öğütülmüş karabiber

- 1/4 çay kaşığı acı biber

- 1 çay kaşığı koşer tuzu

Adresler

1.Yağlanmış bir güveç kabına tater tostlarının 1/3'ünü, ardından pastırmanın 1/3'ünü, yeşil soğanın 1/3'ünü ve son olarak rendelenmiş peynirlerin 1/3'ünü ekleyin. Bu katmanları iki kez daha tekrarlayın ve peynirle bitirin.

2.Büyük bir kapta kalan malzemeleri karıştırın; güveç kabına ekleyin.

3.Güveç tenceresinin kapağını kapatın ve kaynamaya bırakın; daha sonra 6 ila 8 saat pişirin.

Yumuşak ve Lezzetli Ayran Ekmeği

(Yaklaşık 3 saatte hazır | 8 kişilik)

İçindekiler

- 1 ½ su bardağı çok amaçlı un

- 1 çay kaşığı karbonat

- 1 çay kaşığı kabartma tozu

- bir tutam tuz

- 4 yemek kaşığı tereyağı, parçalar halinde kesilmiş

- Bir tutam rendelenmiş hindistan cevizi

- 3/4 bardak ayran

Adresler

1.Büyük bir karıştırma kabında çok amaçlı un, kabartma tozu, kabartma tozu ve tuzu birleştirin; Bu karışım küçük kırıntılara benzeyene kadar tereyağını kesin.

2.Rendelenmiş hindistan cevizi ve ayranı ekleyin.

3.Hamuru yoğurun ve yağlanmış kelepçeli kalıba yerleştirin.

4.Rafa yerleştirin; Kapağını kapatıp yüksek ateşte yaklaşık 2,5 saat pişirin. Sütle servis yapın.

Lezzetli bitkisel ekmek

(Yaklaşık 3 saatte hazır | 8 kişilik)

İçindekiler

- 1 ½ su bardağı çok amaçlı un

- 1 çay kaşığı kabartma tozu

- 1 çay kaşığı karbonat

- 1 çay kaşığı kurutulmuş dereotu

- 1 çay kaşığı öğütülmüş karabiber

- 1 yemek kaşığı kurutulmuş frenk soğanı

- bir tutam tuz

- 4 yemek kaşığı soğuk margarin, parçalara ayrılmış

- 3/4 bardak ayran

Adresler

1.Bir kapta ilk yedi malzemeyi birleştirin. Daha sonra karışım küçük kırıntılara benzeyene kadar soğuk margarini kesin.

2.Ayranı ekleyin ve hamuru unlu yüzeye geri koyun.

3.Hamurunuzu yaklaşık 3 dakika kadar yoğurun.

4.Bir rafa yerleştirin ve yaklaşık 2 saat boyunca yüksek sıcaklıkta pişirin. Sıcak olarak servis yapın ve peynirle birlikte afiyetle yiyin.

Kızılcık Üzümlü Kepekli Ekmek

(Yaklaşık 3 saatte hazır | 16 kişilik)

İçindekiler

- 1/2 su bardağı tam buğday unu
- 1 ½ su bardağı çok amaçlı un
- 1 çay kaşığı kabartma tozu
- 1 çay kaşığı karbonat
- 1 çay kaşığı kabak tatlısı baharatı
- 1 çay kaşığı yenibahar
- 1/4 çay kaşığı rendelenmiş hindistan cevizi
- 1/2 çay kaşığı tuz
- 1 ½ bardak tam kepekli tahıl gevreği
- 2 bardak ayran
- 1/4 bardak akçaağaç şurubu
- 3 yemek kaşığı eritilmiş tereyağı
- 2 yumurta

•1/2 su bardağı kurutulmuş kızılcık, iri doğranmış

•1/2 su bardağı kuru üzüm, iri doğranmış

•1/4 bardak ceviz, doğranmış

•1⁄4 kıyılmış ceviz

Adresler

1.Büyük bir karıştırma kabında, ilk dokuz malzemeyi her şey iyice birleşene kadar birleştirin.

2.Daha sonra ayran, akçaağaç şurubu, tereyağı, yumurta ekleyin; birleştirmek için karıştırın.

3.Kızılcık, kuru üzüm, ceviz ve cevizleri yavaşça katlayın.

4.Hazırladığınız hamuru yağlanmış ve unlanmış kek kalıbına dökün.

5.Yaklaşık 3 saat kadar veya somununuzun ortasına batırdığınız kürdan (veya bıçak) temiz çıkana kadar yüksek sıcaklıkta pişirin.

6.Meyve reçeli veya bal ile servis yapın!

Sloppy Joe'nun Stil Burgerleri

(Yaklaşık 3 saatte hazır | 12 kişilik)

İçindekiler

- 2 pound yağsız sığır eti, öğütülmüş

- 1 sarı soğan ince doğranmış

- 1 doğranmış kabak

- 1 adet doğranmış sarı biber

- 1 kırmızı biber doğranmış

- 1 bardak mantar, dilimlenmiş

- 1/2 bardak kızarmış pastırma, ufalanmış

- 1 çay kaşığı sarımsak tozu

- 1/2 çay kaşığı biber tozu

- 3/4 su bardağı domates salçası

- 1 su bardağı az yağlı peynir, küp şeklinde kesilmiş

- 2 adet defne yaprağı

- 1 çay kaşığı deniz tuzu

•1/4 çay kaşığı öğütülmüş karabiber

•12 hamburger ekmeği

Adresler

1.Büyük bir tencerede veya wok'ta orta ateşte kıymayı soğan, kabak ve dolmalık biberle pişirin. Kıyma kızarana kadar pişirin.

2.Yavaş pişiriciye ekleyin ve ardından kalan malzemeleri (çörekler hariç) ekleyin.

3.2 ila 3 saat kısık ateşte pişirin. Burger ekmeğinin üzerine servis yapın ve istenirse turşu ekleyin.

Hindistan cevizi yağı ile cevizli granola

(Yaklaşık 2 saat 30 dakikada hazır | 12 kişilik)

İçindekiler

- pişirme spreyi

- 4 bardak yulaf ezmesi, eski moda

- 1 su bardağı kıyılmış badem

- 1/2 su bardağı ceviz, kıyılmış

- 1/2 çay kaşığı yenibahar

- 1 çay kaşığı tarçın

- bir tutam tuz

- 1/2 bardak akçaağaç şurubu

- 1/2 su bardağı eritilmiş hindistancevizi yağı

- 1/4 su bardağı esmer şeker

- 1 çay kaşığı saf badem özü

Adresler

1.Güveç kabınızı pişirme spreyi ile yağlayın. Yulaf gevreğini ekleyin ve bir kenara koyun.

2.Badem ve cevizi ekleyin.

3.Bir kapta kalan malzemeleri karıştırın.

4.Bu karışımı güveç tenceresindeki yulaf ve fındıkların üzerine dökün.

5.Her 30 dakikada bir karıştırarak, kısık ateşte yaklaşık 2 saat pişirin.

6.Hazırlanan granolayı alüminyum folyo üzerine yayın ve soğumaya bırakın.

Otlu Biberli Mısır Ekmeği

(Yaklaşık 2 saatte hazır | 8 kişilik)

İçindekiler

- 3/4 bardak çok amaçlı un

- 1/4 su bardağı mısır unu

- 1 kaşık şeker

- 1 çay kaşığı karbonat

- 1 çay kaşığı kabartma tozu

- 1 çay kaşığı kurutulmuş fesleğen

- 1 çay kaşığı öğütülmüş kimyon

- 1/2 çay kaşığı kurutulmuş kekik

- 1/2 çay kaşığı tuz

- 1 büyük yumurta, dövülmüş

- 1/2 bardak ayran

- 1/4 poblano şili, pişmiş ve doğranmış

- 1/4 su bardağı tam tahıllı mısır

Adresler

1.İlk on malzemeyi geniş bir karıştırma kabında birleştirin.

2.Ayran, poblano ve mısırı ekleyip karıştırın. Birleştirmek için iyice karıştırın.

3.Yağlanmış ve unlanmış fırın tepsisine hamuru aktarın.

4.Daha sonra bu fırın tepsisini güveç tencerenizdeki bir rafa yerleştirin. Kapak; yaklaşık 2 saat yüksek ateşte pişirin.

5.Servis yapmadan önce yaklaşık 10 dakika soğumaya bırakın.

1.İlk on malzemeyi geniş bir karıştırma kabında birleştirin.

Karamel Aromalı Muzlu Ekmek

(Yaklaşık 2 saatte hazır | 8 kişilik)

İçindekiler

- 4 yemek kaşığı eritilmiş tereyağı
- 1/4 bardak elma püresi
- 2 orta boy yumurta
- 1 yemek kaşığı su
- 1 yemek kaşığı süt
- 3/4 su bardağı esmer şeker
- 3 olgun muz, püresi
- 1 ¾ su bardağı çok amaçlı un
- 1 çay kaşığı kabartma tozu
- 1 çay kaşığı karbonat
- 1/4 çay kaşığı tuz.
- 1/4 su bardağı iri kıyılmış badem

Adresler

1.Bir kapta tereyağı, elma püresi, yumurta, su, süt ve esmer şekeri kremsi ve pürüzsüz hale gelinceye kadar çırpın.

2.Ezilmiş muz, un, kabartma tozu, kabartma tozu ve tuzu ekleyin. Bademleri ekleyin.

3.Uygun bir kek kalıbına hamuru dökün.

4.Muzlu ekmeğinizin ortasına batırdığınız kürdan (veya bıçak) temiz çıkana kadar yaklaşık 3 saat yüksek ateşte pişirin.

5.Muzlu ekmeği somun tavasından çıkarın ve oda sıcaklığına soğumaya bırakın.

Balkabağı ve bademli ekmek

(Yaklaşık 3 saat 30 dakikada hazır | 16 kişilik)

İçindekiler

- 1 su bardağı konserve kabak

- 4 yemek kaşığı eritilmiş margarin

- 1/2 su bardağı toz şeker

- 2 orta boy yumurta, dövülmüş

- 1/2 su bardağı süt

- 2 fincan çok amaçlı un

- 1 çay kaşığı kabartma tozu

- 1 çay kaşığı karbonat

- 1/4 çay kaşığı rendelenmiş hindistan cevizi

- 1 çay kaşığı kabak tatlısı baharatı

- bir tutam tuz

- 1/2 bardak kızarmış ve doğranmış badem

Adresler

1.Büyük bir kapta balkabağını margarin ve şekerle iyice karışana kadar birleştirin; yumurta ve sütü ekleyin.

2.Un, kabartma tozu, kabartma tozu, hindistan cevizi, balkabağı turtası baharatı ve tuzu ekleyin; doğranmış bademleri karıştırın.

3.Hamuru bir kek kalıbına dökün ve güveç kabınıza yerleştirin. Yüksek ateşte yaklaşık 3,5 saat pişirin.

4.Balkabaklı ekmeğinizi rafta soğumaya bırakın. Bal ile servis yapın ve tadını çıkarın!

Biberiyeli peynirli ekmek

(Yaklaşık 2 saatte hazır | 8 kişilik)

İçindekiler

- 6 yemek kaşığı oda sıcaklığında tereyağı
- 1 su bardağı rendelenmiş parmesan peyniri
- 1 yemek kaşığı taze biberiye
- 1 orta boy dilimlenmiş ekmek

Adresler

1. Tereyağı, parmesan peyniri ve taze biberiyeyi birleştirin ve iyice karışana kadar karıştırın.

2. Ekmeği 8 dilime kesin. Biberiye-peynir karışımını ekmek dilimlerinin her iki tarafına sürün.

3. Ekmek dilimlerini alüminyum folyoya sarın.

4. Düdüklü tencerenize alıp 2 saat kadar pişirin. Kapağını açın ve yaklaşık 5 dakika soğumaya bırakın.

Vejetaryen Özensiz Joes

(Yaklaşık 3 saatte hazır | 8 kişilik)

İçindekiler

- 1 su bardağı mantar, ince dilimlenmiş

- 1 su bardağı doğranmış soğan

- 1 kırmızı biber doğranmış

- 1/4 poblano şili, doğranmış

- 2 çay kaşığı kıyılmış sarımsak

- 1 su bardağı domates sosu

- 1 çay kaşığı kereviz tohumu

- 1 ½ bardak su

- 1/4 su bardağı şeker

- 1 çay kaşığı koşer tuzu

- 1/4 öğütülmüş karabiber

- 8 adet tam buğdaylı hamburger ekmeği

Adresler

1.Mantarları, soğanları, dolmalık biberi, poblano biberini, sarımsağı, ketçapı, kereviz tohumlarını, suyu ve şekeri birleştirin.

2.Güveç tencerenizi bir kapakla kapatın ve Sloppy Joes'u 2 ila 3 saat boyunca yüksek sıcaklıkta pişirin. Tuz ve karabiberle tatlandırın.

3.En sevdiğiniz salata ile çörekler üzerinde servis yapın.

Lüks etli sandviçler

(Yaklaşık 3 saatte hazır | 12 kişilik)

İçindekiler

- 2 kilo yağsız kıyma
- 1 kırmızı biber doğranmış
- 1 doğranmış yeşil biber
- 1 sarı soğan doğranmış
- 1 su bardağı mantar, ince dilimlenmiş
- 2 diş sarımsak, kıyılmış
- 1/2 bardak kızarmış hindi pastırması, ufalanmış
- 3/4 su bardağı domates salçası
- 1 yemek kaşığı domates sosu
- 2 yemek kaşığı kuru kırmızı şarap
- 1 su bardağı işlenmiş peynir, küp şeklinde kesilmiş
- Tatmak için biber ve tuz
- 12 sandviç rulosu, kızarmış ekmek

Adresler

1.Büyük bir tavayı orta ateşte ısıtın; Kıymayı, dolmalık biberi ve soğanı, etler kızarıncaya ve soğan yarı saydam oluncaya kadar pişirin. Toprak çömleği değiştirin.

2.Sandviç ruloları dışında kalan malzemeleri ekleyin; yaklaşık 3 saat kısık ateşte pişirin.

3.Sandviç ruloları üzerinde servis yapın, hardal ve salata ile süsleyin ve keyfini çıkarın.

En iyi etli sandviçler

(Yaklaşık 3 saatte hazır | 12 kişilik)

İçindekiler

- 1 pound karışık sığır ve domuz eti, öğütülmüş

- 3/4 bardak doğranmış frenk soğanı

- 1 diş sarımsak, kıyılmış

- 1 su bardağı domates, doğranmış ve suyu süzülmüş

- 1 yemek kaşığı Worcestershire sosu

- 1/4 su bardağı paketlenmiş açık kahverengi şeker

- 1 yemek kaşığı hardal

- 1 tepeleme yemek kaşığı kişniş

- 1 dolu yemek kaşığı taze maydanoz

- 1 çay kaşığı deniz tuzu

- 1/4 çay kaşığı öğütülmüş karabiber

- 1/4 çay kaşığı ezilmiş kırmızı biber

- 12 kızarmış rulo

Adresler

1.Geniş, derin bir tencerede orta-düşük ateşte karışık et, yeşil soğan ve sarımsağı pişirin; çatalla ufalayın; güveç kabına ekleyin.

2.Sandviç ruloları dışında kalan malzemeleri ekleyin; 2 ila 3 saat boyunca yüksek ateşte pişirin.

3.Sandviçleri rulo halinde düzenleyin ve ekstra ketçap ve hardalla servis yapın.

Barbekü Tavuklu Sandviçler

(Yaklaşık 8 saatte hazır | 8 kişilik)

İçindekiler

- 1 kiloluk tavuk göğsü, kemiksiz ve derisiz
- 1/2 su bardağı tavuk suyu
- 1/4 bardak Barbekü sosu
- 1/4 su bardağı su
- 1 su bardağı domates sosu
- 2 yemek kaşığı kuru beyaz şarap
- 1/3 su bardağı sarı hardal
- 1 çay kaşığı tarhun
- 1 sap kereviz, doğranmış
- 1 büyük havuç, doğranmış
- 2 yemek kaşığı esmer şeker
- 1/2 su bardağı doğranmış soğan
- 1 diş sarımsak, kıyılmış

•Tatmak için biber ve tuz

•8 hamburger ekmeği

Adresler

1.Güveç tencerenizde hamburger ekmeği dışındaki tüm malzemeleri birleştirin.

2.Bir kapakla örtün ve 6 ila 8 saat veya gece boyunca pişirin. Daha sonra pişmiş tavuğu parçalayın, baharatını ayarlayın ve rulolarla servis yapın.

Baharatlı domuz sandviçleri

(Yaklaşık 8 saatte hazır | 12 kişilik)

İçindekiler

Sandviçler için:

- 1 kızarmış domuz filetosu, kemiksiz

- 1 çay kaşığı sarımsak tozu

- 1 çay kaşığı soğan tozu

- 1/4 çay kaşığı öğütülmüş karabiber

- Tatmak için deniz tuzu

- 1/2 bardak su

- 12 sandviç rulosu

Sosu için:

- 1 su bardağı az yağlı mayonez

- 1 diş sarımsak, kıyılmış

- 2 yemek kaşığı limon suyu

Adresler

1.Domuz bonfilesini sarımsak tozu, soğan tozu, öğütülmüş karabiber ve tuzla ovalayın. Su dökün. Bir güveç kabına koyun ve gece boyunca veya yaklaşık 8 saat pişirin.

2.Domuz eti güveç kabından çıkarın ve parçalayın.

3.Sos için tüm malzemeleri karıştırın.

4.Pişmiş domuz etini sandviç çöreklerinin altına yerleştirin. Daha sonra hazırlanan sosu kaşıkla dökün ve çöreklerin üst kısımlarını yerleştirin. Eğlence!

Tohumlu yaz granola

(Yaklaşık 2 saatte hazır | 16 kişilik)

İçindekiler

- 6 bardak yulaf ezmesi, eski moda

- 1 su bardağı kabak çekirdeği

- 1 su bardağı ayçiçeği çekirdeği

- 1/2 çay kaşığı koşer tuzu

- 2 yemek kaşığı portakal suyu

- 1/2 bardak kanola yağı

- 1 bardak akçaağaç şurubu

- 1/2 bardak kuru incir, doğranmış

- 1 su bardağı kurutulmuş ananas, doğranmış

1.Bir güveç tenceresinde yulaf, kabak çekirdeği, ayçiçeği çekirdeği ve tuzu birleştirin.

2.Küçük bir kapta portakal suyunu, yağı ve akçaağaç şurubunu karışım karışana kadar çırpın. Bu karışımı yulaflı karışıma ekleyin.

3.Kapağı kapalı olarak yüksek ateşte yaklaşık 2 saat, her 20 dakikada bir karıştırarak pişirin.

4.Ateşten alıp granolayı soğumaya bırakın. Kuru incirleri ve ananası ekleyin ve birleştirmek için iyice karıştırın.

5.Hazırlanan granolayı fırın tepsisine eşit şekilde yayarak yerleştirin. Saklamadan önce tamamen soğumasını bekleyin.

Yapımı kolay hurma granola

(Yaklaşık 3 saatte hazır | 6 kişilik)

İçindekiler

- 1/4 bardak bal

- 6 yemek kaşığı elma püresi

- 1/4 çay kaşığı kakule

- 1/4 çay kaşığı rendelenmiş hindistan cevizi

- 1/4 çay kaşığı öğütülmüş karanfil

- 1 çay kaşığı tarçın tozu

- bir tutam tuz

- 1 çay kaşığı vanilya özü

- 1/2 çay kaşığı akçaağaç özü

- 1 yemek kaşığı kenevir tohumu

- 3 su bardağı yulaf ezmesi

- 1 su bardağı kavrulmuş ve kıyılmış ceviz

- 1 bardak Medjool hurması, çekirdekleri çıkarılmış ve doğranmış

Adresler

1.Güveç tencerenize bal, elma püresi, kakule, hindistan cevizi, karanfil, tarçın, tuz, vanilya özü ve akçaağaç özlerini koyun. Kenevir tohumlarını ekleyin ve birleştirmek için iyice karıştırın.

2.Elenmiş yulaf ve cevizi ekleyin. Birleştirmek için karıştırın.

3.Kapağı hafifçe havalandırarak yüksek ateşte 3 saat pişirin. Ara sıra karıştır. Biraz soğumaya bırakın ve ardından doğranmış tarihleri ekleyin.

4.Granolanızı bir fırın tepsisine dökün ve hava geçirmez kaplara koymadan önce tamamen soğumasını bekleyin.

Akçaağaç Hindistan Cevizli Granola

(Yaklaşık 3 saatte hazır | 6 kişilik)

İçindekiler

- 1/4 bardak akçaağaç şurubu
- 2 yemek kaşığı kanola yağı
- 1 su bardağı soyulmuş ayçiçeği çekirdeği
- 2 yemek kaşığı chia tohumu
- 1/4 çay kaşığı öğütülmüş karanfil
- 1 çay kaşığı tarçın tozu
- bir tutam tuz
- 1 çay kaşığı saf vanilya özü
- 1 su bardağı hindistan cevizi gevreği
- 3 su bardağı yulaf ezmesi
- 1 su bardağı kıyılmış badem
- 1 su bardağı kurutulmuş kiraz, doğranmış

Adresler

1.Akçaağaç şurubu, kanola yağı, ayçiçeği çekirdeği, chia tohumu, öğütülmüş karanfil, tarçın, tuz, vanilya özü, hindistancevizi gevreği ve yulaf ezmesini bir güveç tenceresinde birleştirin.

2.Ara sıra karıştırarak yaklaşık 3 saat pişirin. Granolayı yaklaşık 15 dakika soğumaya bırakın; Badem ve kurutulmuş kirazları ekleyin. Her şey iyice birleşene kadar karıştırın.

3.Tamamen soğuması için bir fırın tepsisine yayın.

Çeken Domuz Sandviç

(Yaklaşık 3 saatte hazır | 12 kişilik)

İçindekiler

- 1 kızarmış domuz filetosu, kemiksiz
- 1 çay kaşığı köri tozu
- 1 çay kaşığı acı biber
- 1/2 çay kaşığı rendelenmiş zencefil
- 1 su bardağı et suyu
- Tatmak için tuz
- 1/4 çay kaşığı karabiber
- 1 defne yaprağı
- 48 dilim ekmek

1.Kızartılmış domuz filetosunu köri tozu ve kırmızı biberle ovalayın.

2.Baharatlı domuz etini güveç tencerenize yerleştirin; rendelenmiş zencefili ve et suyunu ekleyin. Tuz, karabiber ve defne yaprağını ekleyin.

3.Yaklaşık 3 saat kısık ateşte pişirin. Pişmiş domuz etini ince şeritler halinde kesin. Baharatları tadın ve ayarlayın.

4.Her ekmek diliminin üzerine soslu etleri kaşıklayarak sandviç yapın.

Kış etli sandviçler

(Yaklaşık 8 saatte hazır | 12 kişilik)

İçindekiler

- 1 orta boy dana rostosu, kemiksiz
- 1/2 çay kaşığı deniz tuzu
- 1/4 çay kaşığı karabiber
- 1 çay kaşığı kurutulmuş fesleğen
- 1 yemek kaşığı taze adaçayı
- 2 su bardağı et suyu
- 1 bardak kuru kırmızı şarap
- 1 diş sarımsak, kıyılmış
- 7-8 adet karabiber
- 12 sandviç rulosu
- Süslemek için lahana turşusu
- Süslemek için biberler

Adresler

1.Rosto etini deniz tuzu ve karabiberle tatlandırıp bir güveç kabına koyun.

2.Fesleğen, adaçayı, et suyu, şarap, sarımsak ve karabiber ekleyin. Kapağı kapatın ve yaklaşık 8 saat veya gece boyunca pişirin.

3.Pişmiş sığır etini lahana turşusu ve kırmızı biberle birlikte sandviç ruloları üzerinde servis edin.

Doyurucu Sosisli Sandviçler

(Yaklaşık 6 saatte hazır | 6 kişilik)

İçindekiler

- •8 bağlantı taze sosis
- •1 su bardağı et suyu
- •4 su bardağı spagetti sosu
- •1 doğranmış biber
- •1 kırmızı biber dilimler halinde kesilmiş
- •1 yeşil dolmalık biber, dilimlenmiş
- •1 su bardağı doğranmış frenk soğanı
- •1 dolu yemek kaşığı taze maydanoz
- •1 tepeleme yemek kaşığı taze kişniş
- •6 kokteyl çöreği, uzunlamasına bölünmüş

Adresler

1.Bir güveç tenceresine sosis, et suyu, spagetti sosu, kırmızı biber, dolmalık biber ve yeşil soğan koyun. Maydanozu ve kişnişi ekleyin. Birleştirmek için karıştırın.

2.Bir kapakla örtün; 6 saat boyunca kısık ateşte pişirin. Kokteyl rulolarında servis yapın ve tadını çıkarın!

Ülke tütsülenmiş sosisler

(Yaklaşık 6 saatte hazır | 6 kişilik)

İçindekiler

- 1 yemek kaşığı sızma zeytinyağı

- 6 yeşil soğan, dilimlenmiş

- 1 sarı dolmalık biber, dilimlenmiş

- 1 kırmızı biber dilimler halinde kesilmiş

- 4 diş sarımsak, ezilmiş

- 2 kilo tütsülenmiş sosis

- 1 kutu (28 ons) domates, doğranmış

- 1 çay kaşığı tuz

- 1/2 çay kaşığı öğütülmüş karabiber

- 1/2 çay kaşığı ezilmiş kırmızı biber gevreği

- Süslemek için hardal

Adresler

1.Büyük bir tavada zeytinyağını orta ateşte ısıtın. Sebzeler yumuşayana ve sosisler hafifçe kızarana kadar soğan, biber, sarımsak ve sosisleri soteleyin. Güveç kabına aktarın.

2.Domatesi, tuzu, karabiberi ve kırmızı biberi ekleyin.

3.Yaklaşık 6 saat kadar kaynatın. En sevdiğiniz hardalla servis yapın.

Yemeniz gereken sığır eti tacoları

(Yaklaşık 8 saatte hazır | 6 kişilik)

İçindekiler

- 1 ½ pound rosto sığır eti, kemiksiz

- 1 büyük kırmızı soğan, dilimlenmiş

- 1 su bardağı et suyu

- 1 kavanoz (16 ons) taco sosu

- 12 taco kabuğu

- 2 salatalık, ince dilimlenmiş

- 2 adet olgun domates, dilimlenmiş

1.Rostoyu ve dilimlenmiş soğanı bir güveç kabına koyun. Sığır suyunu ve taco sosunu dökün.

2.8 saat veya gece boyunca DÜŞÜK seviyede pişirin.

3.Sabah eti şeritler halinde kesin.

4.Taco kabuklarını kıyılmış etle doldurun; salatalık ve domatesi ekleyip servis yapın!

Erik ve Kayısı ile Yulaf Ezmesi

(Yaklaşık 8 saatte hazır | 4 kişilik)

İçindekiler

- 1 su bardağı çelik kesilmiş yulaf

- 4 ½ su bardağı su

- 1/2 çay kaşığı rendelenmiş zencefil

- 1/2 çay kaşığı yenibahar

- 1/2 çay kaşığı öğütülmüş tarçın

- 1/2 çay kaşığı tuz

- 3 yemek kaşığı tereyağı

- 1/2 bardak kuru erik

- 1/2 su bardağı kuru kayısı

- Tadına göre akçaağaç şurubu

Adresler

1.Tüm malzemeleri toprak bir tencereye koyun.

2.Kapağını kapatıp yaklaşık 8 saat pişirin.

3.İstenirse süt ve biraz meyve ile servis yapın.

Hindistan cevizi ve fıstıklı müsli

(Yaklaşık 2 saatte hazır | 12 kişilik)

İçindekiler

- 4 su bardağı yulaf ezmesi

- 4 bardak su

- 1 çay kaşığı yenibahar

- 1/4 çay kaşığı zerdeçal

- 1 su bardağı buğday tohumu

- 1 su bardağı doğal pişirme kepeği

- 1/2 bardak rendelenmiş hindistan cevizi, şekersiz

- 1/2 su bardağı esmer şeker

- 4 yemek kaşığı eritilmiş tereyağı

- 1 çay kaşığı badem özü

- 2 yemek kaşığı kabak çekirdeği

- Süslemek için fıstık

Adresler

1.Fıstık hariç tüm malzemeleri güveç tencerenize ekleyin.

2.Bir kapakla örtün; Yüksek ateşte iki kez karıştırarak yaklaşık 2 saat pişirin. 12 servis kasesine paylaştırın, üzerine kıyılmış fıstık serpin ve servis yapın!

Peynirli Biftek Sandviçleri

(Yaklaşık 8 saatte hazır | 8 kişilik)

İçindekiler

- 1 kiloluk yuvarlak biftek, ince dilimlenmiş

- 1 su bardağı dilimlenmiş soğan

- 1 yeşil dolmalık biber, dilimlenmiş

- 1 su bardağı et suyu

- 1 diş sarımsak, kıyılmış

- 2 yemek kaşığı kuru kırmızı şarap

- 1 yemek kaşığı Worcestershire sosu

- 1 çay kaşığı kereviz tohumu

- 1/2 çay kaşığı tuz

- 1/4 çay kaşığı öğütülmüş karabiber

- 8 hamburger ekmeği

- 1 su bardağı mozzarella peyniri, rendelenmiş

Adresler

1.Çörekler ve peynir hariç tüm malzemeleri güveç tencerenizde birleştirin.

2.Kapağını kapatıp kısık ateşte 6 ila 8 saat pişirin.

3.Çörekler, hazırlanmış et karışımı ve peynirle sandviç yapın. Sıcak servis yapın ve tadını çıkarın!

Mantarlı ve Soğanlı Bira Veletleri

(Yaklaşık 8 saatte hazır | 8 kişilik)

İçindekiler

- 8 taze sosis

- 2 (12 ons) 3 şişe bira

- 1 bardak mantar, dilimlenmiş

- 2-3 diş sarımsak, kıyılmış

- 1 kırmızı soğan dilimlenmiş

- 1 kırmızı biber dilimler halinde kesilmiş

- 1 çay kaşığı deniz tuzu

- 1/4 çay kaşığı öğütülmüş karabiber

- 1 çay kaşığı kıyılmış poblano şili

- 8 sosisli çörek

Adresler

1.Çörekler hariç tüm malzemeleri bir güveç tenceresinde birleştirin.

2.Kapağı kapalı olarak kısık ateşte 6 ila 8 saat pişirin.

3.Pişmiş sosisleri ve sebzeleri rulo halinde servis edin. İstenirse hardal, ketçap ve ekşi krema ekleyin.

Lezzetli sosis ve lahana turşusu sandviçleri

(Yaklaşık 8 saatte hazır | 6 kişilik)

İçindekiler

- Seçtiğiniz 6 taze sosis

- 1 orta boy soğan doğranmış

- 1 bardak lahana turşusu

- 1 küçük elma, soyulmuş, çekirdeği çıkarılmış ve ince dilimlenmiş

- 1 çay kaşığı kimyon tohumu

- 1/2 su bardağı tavuk suyu

- Tatmak için tuz

- 1/2 çay kaşığı öğütülmüş karabiber

- 6 sosisli çörek

- Süslemek için domates sosu

- Süslemek için hardal

Adresler

1.Sosisleri bir güveç kabına yerleştirin. Daha sonra soğanı, lahana turşusunu, elmayı, kimyonu, tavuk suyunu, tuzu ve karabiberi ekleyin.

2.Kapağı kapalı olarak kısık ateşte 6 ila 8 saat pişirin.

3.Rulo sandviçler yapın ve ketçap ve hardalla servis edin.

Noel Sosisli Güveç

İçindekiler

- Tereyağı Aromalı Yapışmaz Pişirme Spreyi

- 1 paket (26 ons) dondurulmuş karma kahverengi patates, çözülmüş

- 1 kabak, ince dilimlenmiş

- 1 bardak tam yağlı süt

- 10 çırpılmış yumurta

- 1 çay kaşığı deniz tuzu

- 1/4 çay kaşığı ezilmiş kırmızı biber gevreği

- 1/4 çay kaşığı öğütülmüş karabiber

- 1 çay kaşığı kimyon tohumu

- 1 yemek kaşığı öğütülmüş hardal

- 2 bardak sosis

- 2 su bardağı kaşar peyniri, rendelenmiş

1.Yapışmaz pişirme spreyi ile güveç kabını yağlayın. Güveç kabının tabanını kaplayacak şekilde hash browns'ı yayın. Daha sonra kabak dilimlerini yerleştirin.

2.Orta boy bir kapta süt, yumurta, tuz, kırmızı biber, karabiber, kimyon tohumu ve öğütülmüş hardalı birlikte çırpın.

3.Bir dökme demir tavayı orta ateşte ısıtın. Daha sonra sosisleri altın rengi kahverengi olana ve ufalanana kadar yaklaşık 6 dakika pişirin; yağları atın.

4.Kabak tabakasının üzerine sosisleri yerleştirin ve üzerine kaşar peyniri serpin. Yumurta ve süt karışımını peynir tabakasının üzerine dökün.

5.6 ila 8 saat kısık ateşte pişirin. Biraz ekstra hardalla sıcak servis yapın.

Gecelik Sosis Güveç

(Yaklaşık 8 saatte hazır | 12 kişilik)

İçindekiler

- 1 ½ su bardağı baharatlı sosis

- 1 kırmızı soğan doğranmış

- 2 diş sarımsak, ezilmiş

- 1 tatlı dolmalık biber, ince dilimlenmiş

- 1 jalapeno biberi

- 1/4 su bardağı taze maydanoz

- 1 tepeleme yemek kaşığı taze kişniş

- 1 paket (30 ons) doğranmış patates, rendelenmiş ve çözülmüş

- 1 1/2 su bardağı baharatlı peynir, rendelenmiş

- 1 bardak süt

- 12 yumurta

- 1 çay kaşığı kuru hardal

- 1 çay kaşığı kereviz tohumu

•1/2 çay kaşığı tuz

•1/8 çay kaşığı biber

•1/4 çay kaşığı acı biber

Adresler

1.Orta ateşte orta yapışmaz bir tavada sosis pişirin; boşaltın ve rezerve edin.

2.Orta boy bir kapta soğanı, sarımsağı, dolmalık biberi, jalapeno biberini, maydanozu ve kişnişi birleştirin. Birleştirmek için iyice karıştırın.

3.Alternatif katmanlar. Patates kızartmasının, sosisin, soğan karışımının ve peynirin 1/3'ünü güveç kabına koyun. Aynı şekilde katmanları iki kez tekrarlayın.

4.Ayrı bir kapta geri kalan malzemeleri çırpın. Bu karışımı güveç kabına dökün ve eşit şekilde dağıtın.

5.Kapağı kapatın ve yaklaşık 8 saat veya gece boyunca pişirin. Sıcak servis yapın.

Şafakta domuz eti sandviçleri

(Yaklaşık 8 saatte hazır | 12 kişilik)

İçindekiler

- 1 orta boy domuz rostosu

- 1/4 çay kaşığı karabiber

- 1/4 çay kaşığı ezilmiş kırmızı biber gevreği

- 1 çay kaşığı deniz tuzu

- 1 çay kaşığı kurutulmuş kekik

- 1 yemek kaşığı sıvı duman aroması

- 12 adet kraker çöreği

Adresler

1.Yavaş pişirmenin daha iyi olması için domuz etini bir oyma çatalıyla delin.

2.Baharatlarla tatlandırın ve ardından sıvı dumanı domuz rostosu üzerine yayın.

3.Domuz rostosu bir güveç kabına yerleştirin.

4.Kapağını kapatın ve bir veya iki kez çevirerek 8 ila 10 saat kadar kısık ateşte pişirin.

5.Pişmiş domuz etini parçalayın ve nemlendirmek için yağı ekleyin. Kraker çörekler ile sandviç yapın ve tadını çıkarın!

Birayla Kurutulmuş Domuz Etli Sandviçler

(Yaklaşık 10 saatte hazır | 16 kişilik)

İçindekiler

- 1 orta boy domuz rostosu

- 1 büyük soğan, doğranmış

- 3 diş sarımsak, ezilmiş

- 2 havuç, ince dilimlenmiş

- 1/2 çay kaşığı öğütülmüş karabiber

- 1/2 çay kaşığı acı biber

- 1 çay kaşığı deniz tuzu

- 1 çay kaşığı öğütülmüş karabiber

- 1 çay kaşığı kimyon tozu

- 1 kutu bira (12 sıvı ons)

- 1 su bardağı barbekü sosu

1.Domuz etini bir oyma çatalıyla delin.

2.Barbekü sosu hariç tüm malzemeleri bir güveç kabına koyun.

3.Güveç kabını yüksek ateşte yerleştirin; 1 saat pişirin. Daha sonra ısıyı en aza indirin ve 6 ila 8 saat daha pişirin.

4.Pişmiş domuz etini parçalayın ve güveç kabına geri koyun. Barbekü sosunu ekleyip 1 saat daha pişirin.

5.En sevdiğiniz burger çöreklerini servis edin ve tadını çıkarın!

Annemin Elmalı Gevreği

(Yaklaşık 3 saatte hazır | 6 kişilik)

İçindekiler

- 2/3 bardak eski moda yulaf

- 2/3 su bardağı esmer şeker, paketlenmiş

- 2/3 su bardağı çok amaçlı un

- 1 çay kaşığı yenibahar

- 1 çay kaşığı tarçın

- 1/2 bardak tereyağı

- 5-6 adet turta elma, çekirdekleri çıkarılmış ve dilimlenmiş

Adresler

1.Orta boy bir kapta ilk altı malzemeyi birleştirin. Her şey iyice karışana kadar karıştırın.

2.Dilimlediğiniz elmaları güveç tencerenize yerleştirin.

3.Yulaf karışımını güveç tenceresindeki elmaların üzerine serpin.

4.Güveç kabını üç kağıt havluyla örtün. Güveç tenceresini yüksek ateşe yerleştirin ve yaklaşık 3 saat pişirin.

Ispanaklı Vejetaryen Kinoa

(Yaklaşık 3 saatte hazır | 4 kişilik)

İçindekiler

- 2 yemek kaşığı zeytinyağı
- 3/4 bardak doğranmış frenk soğanı
- 1 bardak ıspanak
- 2 diş sarımsak, kıyılmış
- 1 bardak kinoa, durulanmış
- 2 ½ su bardağı sebze suyu
- 1 bardak su
- 1 yemek kaşığı taze fesleğen
- 1 yemek kaşığı taze kişniş
- 1/4 çay kaşığı öğütülmüş karabiber
- Tatmak için tuz
- 1/3 su bardağı parmesan peyniri

Adresler

1.Bir tencerede zeytinyağını orta-yüksek ateşte ısıtın. Taze soğanı, ıspanağı ve sarımsağı yumuşayıp kokusu çıkana kadar soteleyin. Bir güveç kabına aktarın.

2.Peynir hariç kalan malzemeleri ekleyin ve kapağını kapatın.

3.Yaklaşık 3 saat boyunca DÜŞÜK seviyede pişirin.

4.Parmesan peynirini ekleyin, tadın ve baharatları ayarlayın; katılmak!

Peynirli ve sebzeli kolay kinoa

(Yaklaşık 3 saatte hazır | 4 kişilik)

İçindekiler

- 2 yemek kaşığı eritilmiş margarin
- 1 orta boy soğan doğranmış
- 1 diş sarımsak, kıyılmış
- 1 bardak mantar, dilimlenmiş
- 1 tatlı kırmızı biber
- 1 bardak kinoa, durulanmış
- 2 su bardağı sebze suyu
- 1 ½ bardak su
- 1 dolu yemek kaşığı taze maydanoz
- 1 tepeleme yemek kaşığı taze kişniş
- 1/4 çay kaşığı ezilmiş kırmızı biber gevreği
- Bir tutam öğütülmüş karabiber
- Tatmak için tuz

•1/3 su bardağı parmesan peyniri

Adresler

1.Orta boy bir tavada margarini orta ateşte ısıtın.

2.Soğan, sarımsak, mantar ve kırmızı biberi sıcak margarinde yaklaşık 6 dakika veya yumuşayana kadar soteleyin. Bir kil çömleğini değiştirin.

3.Parmesan peyniri hariç diğer malzemeleri ekleyin; Güveç tenceresini kısık ateşte yerleştirin ve yaklaşık 3 saat pişirin.

4.Parmesan peynirini ekleyin ve sıcak tadını çıkarın!

Sosisli Kale Frittata

(Yaklaşık 3 saatte hazır | 6 kişilik)

İçindekiler

- Yapışmaz sprey yağı

- 3/4 bardak lahana

- 1 tatlı kırmızı biber, dilimlenmiş

- 1 tatlı yeşil biber, dilimlenmiş

- 1 orta boy kırmızı soğan, dilimlenmiş

- 8 çırpılmış yumurta

- 1/2 çay kaşığı öğütülmüş karabiber

- 1 çay kaşığı tuz

- 1 1/3 bardak sosis

Adresler

1.Tüm malzemeleri iyice yağlanmış bir güveç tenceresinde birleştirin.

2.Güveç tenceresini kısık ateşte yerleştirin ve frittata pişene kadar veya yaklaşık 3 saat pişirin.

3.Bu frittatayı mikrodalgada 60 saniye boyunca tekrar ısıtabilirsiniz.

Lezzetli hafta sonu frittata

(Yaklaşık 3 saatte hazır | 6 kişilik)

İçindekiler

- Yapışmaz sprey yağı

- 1 1/3 bardak pişmiş jambon

- 1 kırmızı biber dilimler halinde kesilmiş

- 1 tatlı yeşil biber, dilimlenmiş

- 1 taze soğan, dilimlenmiş

- 8 çırpılmış yumurta

- 1 yemek kaşığı fesleğen

- 1 tepeleme yemek kaşığı taze kişniş

- 1 yemek kaşığı taze maydanoz

- 1 çay kaşığı tuz

- 1/4 çay kaşığı öğütülmüş karabiber

- 1/4 çay kaşığı acı biber

- Birkaç damla Tabasco sosu

Adresler

1.Yapışmaz pişirme spreyi ile güveç kabını yağlayın. Tüm malzemeleri düdüklü tencerede birleştirin.

2.Güveç tenceresini kısık ateşte koyun ve frittatanızı yaklaşık 3 saat pişirin.

3.Altı servis tabağına paylaştırın ve istenirse doğranmış frenk soğanı serpin; ekşi krema ile süsleyin ve servis yapın!

Vejetaryen kahvaltı keyfi

İçindekiler

- 2 yemek kaşığı kanola yağı

- 1 su bardağı doğranmış frenk soğanı

- 1 diş sarımsak, kıyılmış

- 2 orta boy havuç, ince dilimlenmiş

- 1 sap kereviz, doğranmış

- 1 bardak kinoa, durulanmış

- 2 su bardağı sebze suyu

- 1 ½ bardak su

- 1 yemek kaşığı taze kişniş

- Bir tutam öğütülmüş karabiber

- 1/4 çay kaşığı kurutulmuş kekik

- 1/4 çay kaşığı kurutulmuş dereotu

- Tatmak için tuz

•1/3 su bardağı parmesan peyniri

Adresler

1.Orta boy bir tavada kanola yağını orta ateşte ısıtın.

2.Yeşil soğanı, sarımsağı, havuçları ve kerevizi yaklaşık 5 dakika veya sebzeler yumuşayana kadar soteleyin. Sebzeleri bir güveç kabına aktarın.

3.Tatlandırmak için kinoa, sebze suyu, su, kişniş, karabiber, kurutulmuş kekik, dereotu ve tuzu ekleyin.

4.Kapağı kapatın ve DÜŞÜK sıcaklıkta yaklaşık 4 saat pişirin.

5.Üzerine parmesan serpip sıcak servis yapın!

Yüksek Proteinli Pastırma Frittata

(Yaklaşık 4 saatte hazır | 6 kişilik)

İçindekiler

- Yapışmaz sprey yağı

- 1 bardak taze soğan, dilimlenmiş

- 1 1/3 bardak pastırma

- 1 bardak mantar, dilimlenmiş

- 1 poblano şili, doğranmış

- 10 çırpılmış yumurta

- 1 tepeleme yemek kaşığı taze kişniş

- 1 çay kaşığı tuz

- 1/4 çay kaşığı öğütülmüş karabiber

- 1/4 çay kaşığı ezilmiş kırmızı biber gevreği

Adresler

1.Tüm malzemeleri yağlanmış bir güveç tenceresinde birleştirin.

2.Daha sonra güveç tencerenizi kısık ateşte tutun; Frittata'yı örtün ve 3 ila 4 saat pişirin.

3.Altı parçaya bölün, hardalla süsleyin ve servis yapın.

Mantar ve Şili Omleti

(Yaklaşık 4 saatte hazır | 4 kişilik)

İçindekiler

- Yapışmaz sprey yağı

- 1 yeşil soğan, dilimlenmiş

- 2 diş sarımsak, kıyılmış

- 2 bardak mantar, dilimlenmiş

- 1 biber, doğranmış

- 2 adet olgun domates, dilimlenmiş

- 8 çırpılmış yumurta

- 1 yemek kaşığı taze kişniş

- 1 çay kaşığı tuz

- 1/4 çay kaşığı öğütülmüş karabiber

- 1/4 çay kaşığı acı biber

Adresler

1.Güveç tencerenize tüm malzemeleri koyun.

2.Bir kapakla örtün; 3 ila 4 saat kısık ateşte pişirin.

3.Dilimler halinde kesin ve ekşi krema ve domates sosuyla sıcak olarak servis yapın.

Muz Cevizli Yulaf Ezmesi

(Yaklaşık 8 saatte hazır | 4 kişilik)

İçindekiler

- 2 bardak su

- 2 adet olgun muz

- 1 su bardağı çelik kesilmiş yulaf

- 1/4 su bardağı ceviz, iri kıyılmış

- 2 bardak soya sütü

- 1/2 çay kaşığı tarçın

- 1 çay kaşığı saf badem özü

- bir tutam tuz

- Tadımlık bal

Adresler

1.Güveç tencerenize su dökün. Fırına dayanıklı bir kase kullanın (burada cam güveç işe yarar) ve onu güveç kabınızın içine yerleştirin.

2.Muzları çatalla ezin veya bir blenderde karıştırın. Fırına dayanıklı kaba aktarın.

3.Kalan malzemeleri kaseye ekleyin.

4.Gece boyunca veya 8 saat pişirin.

5.Servis etmeden önce iyice karıştırın ve dilediğiniz malzemeleri ekleyin. Eğlence!

Doyurucu Ceviz Yulaf Ezmesi

(Yaklaşık 8 saatte hazır | 4 kişilik)

İçindekiler

- 1 büyük olgun muz

- 1 su bardağı çelik kesilmiş yulaf

- 1/4 su bardağı ceviz, iri kıyılmış

- 2 yemek kaşığı chia tohumu

- 1 yemek kaşığı kenevir tohumu

- 2 bardak süt

- 1/4 çay kaşığı rendelenmiş hindistan cevizi

- 1/2 çay kaşığı kakule

- 1/2 çay kaşığı tarçın

- 1 çay kaşığı saf vanilya özü

- 2 bardak su

- Süslemek için akçaağaç şurubu

- Süslemek için taze meyveler

Adresler

1.Muzu çatal yardımıyla ezin. Bir pişirme kabına püre haline getirilmiş muz ekleyin. Kalan malzemeleri ekleyin.

2.Toprak bir tencereye su dökün.

3.Pişirme kabını güveç kabının içine yerleştirin. Gece boyunca veya 8 saat pişirin. Üzerine akçaağaç şurubu ve taze meyve ekleyin.

Domates ve enginar frittata

(Yaklaşık 2 saatte hazır | 4 kişilik)

İçindekiler

- Yapışmaz sprey yağı

- 6 büyük yumurta, dövülmüş

- 1 su bardağı doğranmış enginar kalbi

- 1 orta boy doğranmış domates

- 1 kırmızı biber doğranmış

- 1 çay kaşığı soğan tozu

- 1 çay kaşığı sarımsak tozu

- 1/4 çay kaşığı öğütülmüş karabiber

- 1/4 çay kaşığı acı biber

- 1/4 bardak rendelenmiş İsviçre peyniri

Adresler

1.Bir güveç kabını pişirme spreyi ile kaplayın.

2.Tüm malzemeleri düdüklü tencereye ekleyin.

3.Kapağını kapatıp kısık ateşte yaklaşık 2 saat pişirin.

4.Peynir serpin; Peynir eriyene kadar birkaç dakika bekletin.

Mantarlı ve Sosisli Omlet Güveç

(Yaklaşık 3 saatte hazır | 4 kişilik)

İçindekiler

- 1 kiloluk tavuk göğsü sosisi, dilimlenmiş

- 1 su bardağı doğranmış frenk soğanı

- 1 bardak mantar, dilimlenmiş

- 4 orta boy yumurta

- 1 bardak tam yağlı süt

- 1 çay kaşığı deniz tuzu

- 1/4 çay kaşığı öğütülmüş karabiber

- 1/2 çay kaşığı kuru hardal

- 1/2 çay kaşığı granül sarımsak

- 1/2 bardak rendelenmiş İsviçre peyniri

Adresler

1.Sosisleri bir güveç kabına yerleştirin. Daha sonra sosislerin üzerine yeşil soğan ve mantarları yerleştirin.

2.Bir kapta yumurtaları, sütü ve baharatları çırpın. Birleştirmek için çırpın.

3.Yaklaşık 3 saat kısık ateşte pişirin. Daha sonra üzerine peyniri yayıp erimesini sağlayın.

4.Mayonez ve hardalla sıcak olarak servis yapın.

Balkabağı Turtası Çelik Kesilmiş Yulaf

(Yaklaşık 8 saatte hazır | 4 kişilik)

İçindekiler

- 1 su bardağı çelik kesilmiş yulaf

- 3 bardak su

- 1/4 çay kaşığı öğütülmüş tarçın

- 1 su bardağı kabak püresi

- 1 çay kaşığı vanilya özü

- bir tutam tuz

- 1 yemek kaşığı kabak tatlısı baharatı

- 1/2 bardak akçaağaç şurubu

Adresler

1.Tüm malzemeleri güveç tencerenizde birleştirin.

2.Örtün ve gece boyunca veya 8 saat pişirin.

3.İstenirse kuru üzüm veya hurma ile sıcak servis yapın!

Kakaolu yulaf ezmesi

(Yaklaşık 8 saatte hazır | 4 kişilik)

İçindekiler

- 3 ½ bardak su

- 1 su bardağı çelik kesilmiş yulaf

- 1/4 çay kaşığı rendelenmiş hindistan cevizi

- 1/2 çay kaşığı öğütülmüş tarçın

- 3 yemek kaşığı şekersiz kakao tozu

- bir tutam tuz

- 1/2 çay kaşığı saf vanilya özü

- 1/2 çay kaşığı saf fındık özü

Adresler

1.Tüm malzemeleri güveç kabına ekleyin.

2.Gece boyunca veya 8 saat pişirin.

3.Servis yapmadan önce karıştırın ve isterseniz doğal tatlandırıcı ekleyin.

Kızılcık Balkabağı Cevizli Yulaf Ezmesi

(Yaklaşık 9 saatte hazır | 4 kişilik)

İçindekiler

- 1 su bardağı çelik kesilmiş yulaf

- 3 bardak su

- 1 bardak tam yağlı süt

- bir tutam tuz

- 1 yemek kaşığı kabak tatlısı baharatı

- 1/2 çay kaşığı kakule

- 1/4 su bardağı kabak püresi

- 2 yemek kaşığı bal

- 1/2 su bardağı kurutulmuş kızılcık

- 1/2 su bardağı iri kıyılmış badem

Adresler

1.Bir güveç tenceresine çelik kesilmiş yulaf, su, süt, tuz, balkabağı turtası baharatı, püre haline getirilmiş kakule ve bal koyun.

2.Gece boyunca veya 8 ila 9 saat pişirin.

3.Servis kaselerine paylaştırın; kurutulmuş kızılcık ve badem serpin; katılmak.

Kakaolu ve Muzlu Yulaf Ezmesi

(Yaklaşık 8 saatte hazır | 4 kişilik)

İçindekiler

- 3 bardak su

- 1 bardak süt

- 1 su bardağı çelik kesilmiş yulaf

- 1/2 çay kaşığı öğütülmüş tarçın

- 1 muz, püresi

- 4 yemek kaşığı şekersiz kakao tozu

- 1/2 çay kaşığı saf vanilya özü

- 1 dilimlenmiş muz

- Süslemek için dövülmüş ceviz

Adresler

1.Toprak bir tencereye su ve süt dökün. Daha sonra çelik kesilmiş yulafı, tarçını, ezilmiş muzu, kakao tozunu ve vanilyayı ekleyin.

2.Güveç tencerenizi kısık ateşte bir gece veya 8 saat pişirin.

3.Servis yapmadan önce karıştırın; servis kaselerine paylaştırın; muz ve cevizle süsleyip afiyetle yiyin.

Jambonlu ve peynirli kiş

(Yaklaşık 2 saatte hazır | 4 kişilik)

İçindekiler

•Tereyağı Aromalı Yapışmaz Pişirme Spreyi

•4 dilim kızarmış tam buğday ekmeği

•2 su bardağı rendelenmiş baharatlı peynir

•1⁄2 kiloluk jambon, pişirilmiş ve ısırık boyutunda küpler halinde kesilmiş

•6 büyük yumurta

•1⁄2 çay kaşığı Dijon hardalı

•1 bardak ağır krema

•1/4 çay kaşığı zerdeçal tozu

•1 yemek kaşığı iri kıyılmış taze maydanoz

•1/2 çay kaşığı deniz tuzu

•1/4 çay kaşığı ezilmiş kırmızı biber

•1/4 çay kaşığı taze çekilmiş karabiber

1.Yapışmaz pişirme spreyi ile güveç kabının içini cömertçe yağlayın.

2.Her bir tost dilimini yapışmaz pişirme spreyi ile yağlayın; yağlanmış ekmeği parçalara ayırın; toprak tencereye yerleştirin.

3.Baharatlı peynirin yarısını tostun üzerine sürün ve ardından pişmiş jambon parçalarını peynirin üzerine yerleştirin; kalan peyniri üstüne serpin.

4.Orta boy bir kapta veya ölçü kabında yumurtaları kalan malzemelerle çırpın; bu karışımı güveç kabına dökün.

5.Kapağını kapatıp yüksek ateşte 2 saat pişirin. İstenirse mayonez veya ekşi krema ile sıcak olarak servis yapın.

Köy Sosis ve Karnabahar Kahvaltısı

(Yaklaşık 6 saatte hazır | 8 kişilik)

İçindekiler

- 1 kiloluk sosis

- Yapışmaz sprey

- 1 su bardağı yoğunlaştırılmış patates kreması

- 1 bardak tam yağlı süt

- 1 çay kaşığı kuru hardal

- Tatmak için tuz

- 1/2 çay kaşığı taze çekilmiş karabiber

- 1 yemek kaşığı taze fesleğen veya 1 çay kaşığı kuru fesleğen

- 1 paket (28 ons) dondurulmuş hash browns, çözülmüş

- 1 su bardağı karnabahar, çiçeklere bölünmüş

- 1 su bardağı dilimlenmiş havuç

- 1/2 su bardağı kaşar peyniri, rendelenmiş

Adresler

1.Dökme demir tavada kahverengi sosis; ısırık büyüklüğünde parçalar halinde kesin.

2.Güveç kabının içini yapışmaz spreyle kaplayın. Kaşar peyniri dışındaki tüm malzemeleri ekleyin; birleştirmek için yavaşça karıştırın.

3.Kapağını kapatın ve kısık ateşte yaklaşık 6 saat pişirin. Üzerine kaşar peyniri serpin. Servis yapmadan önce 30 dakika dinlendirin.

Brokoli Sosis Güveç

(Yaklaşık 6 saatte hazır | 6 kişilik)

İçindekiler

- 2 yemek kaşığı zeytinyağı
- 3/4 kiloluk sosis
- 1 su bardağı et suyu
- 1 bardak süt
- 1 çay kaşığı kuru hardal
- 1/4 çay kaşığı acı biber
- 1/2 çay kaşığı karabiber
- 2 pound dondurulmuş hash browns, çözülmüş
- 1 bardak brokoli, çiçeklerine ayrılmış
- 1 su bardağı dilimlenmiş havuç
- 1/2 su bardağı kaşar peyniri, rendelenmiş

Adresler

1.Güveç kabının içini zeytinyağıyla kaplayın.

2.Orta boy bir tencerede, orta-yüksek ateşte, sosisleri pembeleşmeyene kadar veya yaklaşık 10 dakika pişirin. Sosisleri yağlanmış güveç kabına aktarın.

3.Et suyunu, sütü, hardalı, acı biberi, karabiberi, patates kızartmasını, brokoliyi ve havucu ekleyin. 6 saat kısık ateşte pişirin.

4.Daha sonra üzerine rendelenmiş peyniri serpin ve erimesine izin verin.

5.En sevdiğiniz mayonez ve biraz ekstra hardalla sıcak olarak servis yapın.

Kış sabahı sosis ve sebzeler

(Yaklaşık 6 saatte hazır | 6 kişilik)

İçindekiler

- Yapışmaz sprey

- 3/4 poundluk son derece baharatlı sosis

- 1 büyük soğan

- 1 tatlı yeşil biber

- 1 tatlı kırmızı biber, doğranmış

- 1 bardak tam yağlı süt

- 1 su bardağı sebze veya et suyu

- 1/2 çay kaşığı biber tozu

- 1/2 çay kaşığı karabiber

- Tatmak için deniz tuzu

- 2 pound dondurulmuş hash browns, çözülmüş

- 1/2 su bardağı kaşar peyniri, rendelenmiş

Adresler

1.Yapışmaz sprey ile güveç kabınızın içini yağlayın.

2.Orta boy bir tavada sosisleri kızarıncaya kadar yaklaşık 10 dakika pişirin. Toprak çömleği değiştirin.

3.Kaşar peyniri hariç diğer malzemeleri ekleyin.

4.Güveç tenceresini kısık ateşte yerleştirin ve yaklaşık 6 saat pişirin.

5.Üzerine kaşar peyniri serpin. Sıcak servis yapın!

İstiridye Mantarlı Florentine Yumurtaları

(Yaklaşık 2 saatte hazır | 4 kişilik)

İçindekiler

- Yapışmaz sprey

- 2 su bardağı rendelenmiş Monterey Jack peyniri

- 1 bardak pazı

- 1 bardak istiridye mantarı, dilimlenmiş

- 2-3 diş sarımsak, ezilmiş

- 1 küçük soğan, soyulmuş ve doğranmış

- 5 büyük yumurta

- 1 su bardağı hafif krema

- Tatmak için tuz

- 1/4 çay kaşığı öğütülmüş karabiber

1.Güveç kabının iç kısmına yapışmaz sprey uygulayın. Güveç kabının tabanına 1 bardak Monterey Jack peynirini yayın.

2.Daha sonra ıspanakları peynirin üzerine yerleştirin.

3.Daha sonra istiridye mantarını tek kat halinde ekleyin. Mantar tabakasını sarımsak ve soğanla kaplayın.

4.Bir ölçüm kabında veya kasede yumurtaları diğer malzemelerle çırpın. Bu karışımı güveçteki katmanların üzerine dökün.

5.Kalan 1 bardak peyniri üstüne ekleyin.

6.Güveç tencerenizi yüksek ateşe alın, kapağını kapatın ve 2 saat pişirin.

Peynirli ve pazılı güveç

(Yaklaşık 4 saatte hazır | 4 kişilik)

İçindekiler

- Tereyağı Aromalı Yapışmaz Pişirme Spreyi

- 4 büyük yumurta

- 1 su bardağı süzme peynir

- 3 yemek kaşığı çok amaçlı un

- 1 yemek kaşığı taze kişniş

- 1/2 çay kaşığı deniz tuzu

- 1/4 çay kaşığı taze çekilmiş karabiber

- 1/2 çay kaşığı kurutulmuş kekik

- 1/2 çay kaşığı karbonat

- 2 yemek kaşığı eritilmiş tereyağı

- 1 su bardağı rendelenmiş baharatlı peynir

- 1 bardak yeşil soğan, ince doğranmış

- 1 bardak pazı

Adresler

1.Isıya dayanıklı bir tencereyi pişirme spreyi ile kaplayın. 2 su bardağı suyu düdüklü tencereye dökün.

2.Yumurtaları ekleyip köpürene kadar çırpın. Daha sonra süzme peyniri ekleyin.

3.Un, kişniş, deniz tuzu, karabiber, kekik, kabartma tozu ve tereyağını ekleyin. Her şey iyice birleşene kadar iyice karıştırın.

4.Daha sonra kalan malzemeleri ekleyin; baharatları ayarlayın.

5.Isıya dayanıklı tencereyi güveç tenceresindeki pişirme rafına yerleştirin; Uygun bir kapakla kapatın ve kısık ateşte yaklaşık 4 saat pişirin.

6.Servis yapmadan önce oda sıcaklığına soğumaya bırakın ve tadını çıkarın!

Cevizli muzlu frittata

(Yaklaşık 18 saatte hazır | 6 kişilik)

İçindekiler

- 1 yemek kaşığı kanola yağı

- 1 somun ekmek, küp şeklinde kesilmiş

- 1 su bardağı krem peynir

- 2 adet olgun muz

- 1 su bardağı iri kıyılmış badem

- 10 büyük yumurta

- 1/4 bardak akçaağaç şurubu

- 1 bardak yarım buçuk

- bir tutam tuz

Adresler

1.Güveç kabınızın içini kanola yağıyla yağlayın.

2.Ekmek küplerinin 1/2'sini güveç kabının dibine yerleştirin. Daha sonra krem peynirin yarısını eşit şekilde yayın.

3.1 muz dilimlerini krem peynirin üzerine yerleştirin. Daha sonra doğranmış bademlerin yarısını yayın.

4.Katmanları bir kez daha tekrarlayın.

5.Bir kasede veya ölçü kabında yumurtaları akçaağaç şurubu, yarım buçuk ve tuzla çırpın; güveç kabındaki katmanların üzerine dökün.

6.En az 12 saat buzdolabında bekletin. Daha sonra kapağını kapatıp kısık ateşte 6 saat pişirin. İstenirse biraz ilave muzla servis yapın.

Lezzetli Baharatlı Balkabağı Frittata

(Yaklaşık 6 saatte hazır | 6 kişilik)

İçindekiler

- 2 yemek kaşığı eritilmiş hindistancevizi yağı

- 1 somun ekmek, küçük küpler halinde kesilmiş

- 1 su bardağı krem peynir

- 1 su bardağı rendelenmiş kabak

- 2 dilimlenmiş muz

- 1 su bardağı ceviz, iri kıyılmış

- 8 yumurta

- 1 bardak yarım buçuk

- 2 yemek kaşığı çiğ bal

- 1/2 çay kaşığı öğütülmüş tarçın

- 1/4 çay kaşığı rendelenmiş kakule

- 1/2 çay kaşığı yenibahar

- 1 çay kaşığı kabak baharatı

•Süslemek için pudra şekeri

Adresler

1.Bir güveç kabının içini hindistancevizi yağıyla kaplayın.

2.Ekmeğin 1/2'sini güveç kabına koyun. Daha sonra krem peynirin yarısını ekleyin.

3.Daha sonra rendelenmiş bal kabağının 1/2'sini eşit şekilde yayın. 1 adet muz dilimlerini kabakların üzerine yerleştirin. Kıyılmış cevizin yarısını muzların üzerine serpin.

4.Katmanları bir kez daha tekrarlayın.

5.Orta boy bir kapta yumurtaları, pudra şekeri dışındaki diğer malzemelerle çırpın. Bu karışımı güveç tencerenizdeki katmanların üzerine dökün.

6.Kısık ateşte üstü kapalı olarak 6 saat pişirin. Frittata'nıza pudra şekeri serpin ve servis yapın!

Yoğun Sabahlar İçin Baharatlı Lapa

(Yaklaşık 8 saatte hazır | 8 kişilik)

İçindekiler

- 2 su bardağı çelik kesilmiş yulaf
- 6 bardak su
- 2 bardak süt
- 1 yemek kaşığı saf portakal suyu
- 1 su bardağı kuru kayısı, doğranmış
- 1 su bardağı doğranmış hurma
- 1 su bardağı kuru üzüm, doğranmış
- 1/2 çay kaşığı zencefil
- 1 çay kaşığı tarçın tozu
- 1/8 çay kaşığı karanfil
- 1/4 bardak akçaağaç şurubu
- 1/2 vanilya çubuğu

Adresler

1.Tüm malzemeleri bir güveç tenceresinde birleştirin.

2.Güveç kabını kısık ateşte koyun ve bir gece bekletin.

3.Sabah hazırlanan yulaf lapasını yanlarını ve altını kazıyarak karıştırın.
İstenirse reçel veya kalan yumurta likörü ile servis yapın.

Aile Kış Lapası

(Yaklaşık 9 saatte hazır | 8 kişilik)

İçindekiler

- 7 bardak su

- 2 bardak İrlanda çelik kesilmiş yulaf

- 1 çay kaşığı limon kabuğu rendesi

- 1 bardak kuru üzüm

- 1 su bardağı kurutulmuş kızılcık

- 1 su bardağı kurutulmuş kiraz

- 1 yemek kaşığı rendelenmiş hindistan cevizi

- 1/2 çay kaşığı zencefil

- 1 çay kaşığı yenibahar

- 1/8 çay kaşığı rendelenmiş hindistan cevizi

- 1/4 bardak bal

- 1/2 vanilya çubuğu

Adresler

1.Tüm malzemeleri bir güveç kabına koyun; Düdüklü tencereyi kısık ateşte koyun.

2.Gece boyunca veya 8 ila 9 saat pişirin.

3.Yarın yulaf lapasını karıştırın ve sekiz derin tabağa bölün. İstenirse bir parça çırpılmış krema ve kızarmış ceviz ile servis yapın.

Kuru Erikli Muhteşem Elma Yulaf Ezmesi

(Yaklaşık 7 saatte hazır | 8 kişilik)

İçindekiler

- 2 su bardağı çelik kesilmiş yulaf
- 1 su bardağı elma suyu
- 5 bardak su
- 1⁄2 su bardağı kurutulmuş elma
- 1/4 su bardağı kurutulmuş kızılcık
- 1/4 bardak kuru erik
- 1/4 bardak akçaağaç şurubu
- 1 çay kaşığı yenibahar
- bir tutam tuz

Adresler

1.Tüm malzemeleri bir güveç kabına ekleyin.

2.Düşük ateşte bir güveç kabı yerleştirin; yulafları yaklaşık 7 saat pişirin.

3.İstenirse üzerine ağır krema eklenerek sıcak olarak servis yapın.

Tropikal Gecelik Yulaf

(Yaklaşık 8 saatte hazır | 8 kişilik)

İçindekiler

- 2 bardak İrlanda çelik kesilmiş yulaf

- 4 bardak su

- 1 su bardağı elma suyu

- 1 yemek kaşığı taze portakal suyu

- 1/2 bardak kurutulmuş papaya

- 1/2 su bardağı kurutulmuş ananas

- 1/4 bardak kurutulmuş mango

- 1/4 bardak akçaağaç şurubu

- 2 yemek kaşığı hindistan cevizi gevreği

- bir tutam tuz

1.Tüm malzemeleri güveç tencerenizde birleştirin.

2.Uygun bir kapakla örtün; Yulafları bir gece veya 7 ila 8 saat bekletin.

3.Süt veya bir parça çırpılmış krema ile servis yapın. Eğlence!

Domates garnitürlü İngiliz kekleri

(Yaklaşık 2 saatte hazır | 12 kişilik)

İçindekiler

- •2 yemek kaşığı bitkisel yağ

- •2 büyük kırmızı soğan, doğranmış

- •1 kutu (28 ons) ezilmiş domates

- •1 yemek kaşığı Worcester sosu

- •1 çay kaşığı limon kabuğu rendesi

- •1 yemek kaşığı taze kişniş

- •1 yemek kaşığı doğranmış taze fesleğen

- •1 çay kaşığı deniz tuzu

- •1/4 çay kaşığı öğütülmüş karabiber

- •1 su bardağı mozarella peyniri

- •12 İngiliz çöreği

Adresler

1.Orta boy ağır bir tavada, bitkisel yağı orta-yüksek ateşte ısıtın. Isıyı azaltın ve ardından soğanları ekleyin. Kırmızı soğanları yumuşak ve yarı şeffaf olana kadar soteleyin.

2.Güveç kabına aktarın. Domatesleri ve Worcester sosunu ekleyin. 1 saat boyunca veya karışım kenarlarda kabarcıklar oluşmaya başlayana kadar yüksek ateşte üstü kapalı olarak pişirin.

3.İngiliz muffinleri hariç kalan malzemeleri ekleyin ve 1 saat daha pişirin. Kızartılmış İngiliz kekleriyle sıcak servis yapın.

Kremalı Güney İrmikleri

(Yaklaşık 8 saatte hazır | 12 kişilik)

İçindekiler

- 1 ½ bardak taş irmik
- 1 yemek kaşığı tereyağı
- 1/4 çay kaşığı zerdeçal tozu
- 4 su bardağı sebze suyu
- 1/2 çay kaşığı öğütülmüş karabiber
- 1/2 çay kaşığı ince deniz tuzu
- 1/2 su bardağı baharatlı peynir, rendelenmiş

1.Peynir hariç tüm malzemeleri güveç tencerenizde birleştirin.

2.8 saat veya gece boyunca pişirin.

3.Hazırlanan irmiklere peynir ekleyin ve tadını çıkarın. Dilerseniz yumurta ve pastırma ile servis yapabilirsiniz.

Büyükannemin Parmesan Peynirli Tahılları

(Yaklaşık 9 saatte hazır | 8 kişilik)

İçindekiler

- 2 su bardağı taş irmik
- 1 yemek kaşığı tereyağı
- 1 çay kaşığı tuz
- 1/2 çay kaşığı karabiber
- 1/2 çay kaşığı beyaz biber
- 1/4 bardak ağır krema
- 1/2 su bardağı taze rendelenmiş parmesan peyniri

Adresler

1.Ağır krema ve Parmesan peyniri dışındaki tüm malzemeleri güveç kabına ekleyin.

2.8 ila 9 saat kısık ateşte pişirin.

3.Sabahları kremayı ve Parmesan peynirini ekleyin; En sevdiğiniz sosla servis yapın ve tadını çıkarın!

Süper Sebze ve Pastırma Güveç

(Yaklaşık 2 saatte hazır | 6 kişilik)

İçindekiler

- 1 su bardağı az yağlı baharatlı peynir, rendelenmiş

- 1 su bardağı yeşil yapraklı sebzeler (ıspanak, karalahana, pazı gibi)

- 1/2 bardak pastırma, dilimlenmiş

- 3 dilim ekmek, küp şeklinde

- 1 bardak mantar, dilimlenmiş

- 6 yumurta

- 1/4 çay kaşığı karabiber

- 1/4 çay kaşığı acı biber

- 1/2 çay kaşığı koşer tuzu

- 1 su bardağı buharlaştırılmış süt

- 1 su bardağı sebze suyu

- 1 orta boy soğan

Adresler

1.Peynirin yarısını güveç kabının tabanına yayın. Üstüne bir kat yeşil yapraklı sebze koyun. Daha sonra pastırmanın yarısını yerleştirin.

2.Ekmek küplerini ekleyin ve ardından mantarları ekleyin.

3.Kalan pastırmayı ekleyin ve üzerine kalan peyniri ekleyin.

4.Bir ölçüm kabında veya kasede geri kalan malzemeleri birleştirin. Bu karışımı düdüklü tencereye dökün.

5.2 saat boyunca yüksek ateşte pişirin. Altı servis tabağına bölün ve tadını çıkarın!

Lezzetli buğday meyveleri

(Yaklaşık 10 saatte hazır | 6 kişilik)

İçindekiler

- 1 ½ bardak buğday meyveleri

- 4 bardak su

- 1/2 su bardağı kurutulmuş kızılcık

- 1/2 vanilya çubuğu

- Süslemek için esmer şeker

Adresler

1.Bir güveç kabına buğday meyvelerini, suyu, kurutulmuş kızılcıkları ve vanilya fasulyesini koyun.

2.Birleştirmek için karıştırın ve 8 ila 10 saat pişirin.

3.Servis yapmadan önce karıştırın, üzerine şeker serpin ve tadını çıkarın!

Çok tahıllı kahvaltı

(Yaklaşık 8 saatte hazır | 6 kişilik)

İçindekiler

- 1/2 su bardağı uzun taneli pirinç
- 1/2 bardak buğday meyveleri
- 1 su bardağı yulaf gevreği
- 1/2 çay kaşığı koşer tuzu
- 4 bardak su
- Süslemek için tereyağı

Adresler

1. Toprak bir tencereye pirinç, buğday taneleri, yulaf ezmesi, tuz ve su koyun.

2. Yaklaşık 8 saat ağzı kapalı olarak pişirin.

3. Servis yapmadan önce karıştırın, tereyağı ekleyin ve tadını çıkarın!

Meyve ve Fıstık Ezmeli Tahıl

(Yaklaşık 8 saatte hazır | 6 kişilik)

İçindekiler

- 1/2 bardak buğday meyveleri
- 1 bardak İrlanda usulü yulaf
- 1/2 su bardağı basmati pirinci
- 1/4 su bardağı esmer şeker
- 1/4 çay kaşığı öğütülmüş tarçın
- 4 bardak su
- 1 su bardağı dilediğiniz fındık
- Süslemek için fıstık ezmesi

Adresler

1.Buğday meyvelerini, yulafı, basmati pirincini, şekeri, tarçını ve suyu güveç tencerenize koyun; birleştirmek için karıştırın.

2.Yaklaşık 8 saat pişirin.

3.Altı servis kasesine bölün; fındık ve fıstık ezmesiyle süsleyip servis yapın.

Peynirli ıspanaklı kiş

(Yaklaşık 3 saatte hazır | 6 kişilik)

İçindekiler

- Yapışmaz sprey yağı

- 4 yumurta

- 1/2 bardak baharatlı peynir, rendelenmiş

- 3/4 su bardağı bebek ıspanak

- 2-3 diş sarımsak, kıyılmış

- 1/4 su bardağı doğranmış yeşil soğan

- 1/2 çay kaşığı deniz tuzu

- 1/2 çay kaşığı karabiber

- 1/2 çay kaşığı acı biber

- 1 ½ su bardağı buharlaştırılmış süt

- 2 dilim tam buğday ekmeği, küp şeklinde

Adresler

1.Güveç kabınızı pişirme spreyi ile hafifçe yağlayın.

2.Orta boy bir kapta yumurta, peynir, ıspanak, sarımsak, soğan, tuz, karabiber, kırmızı biber ve buharlaştırılmış sütü birleştirin. Her şey iyice birleşene kadar karıştırın.

3.Ekmek küplerini güveç kabının dibine yerleştirin. Yumurta ve peynir karışımını ekmek küplerinin üzerine dökün.

4.Bir kapakla örtün; yaklaşık 3 saat yüksek ateşte pişirin. Sıcak servis yapın.

Brokoli ve Karnabahar Kreması

(Yaklaşık 4 saatte hazır | 6 kişilik)

İçindekiler

- 1 bardak su

- 2 su bardağı azaltılmış sodyum tavuk suyu

- 1 pound karnabahar, çiçeklere bölünmüş

- 1 kiloluk brokoli, çiçeklere ayrılmış

- 1 sarı soğan ince doğranmış

- 3 diş sarımsak, kıyılmış

- 1 tepeleme yemek kaşığı taze fesleğen

- 1 dolu yemek kaşığı taze maydanoz

- 1/2 bardak %2 yağı azaltılmış süt

- Tatmak için tuz

- 1/4 çay kaşığı beyaz biber

- 1/4 çay kaşığı karabiber

- Seçilmiş krutonlar

Adresler

1.Güveç tencerenize su, et suyu, karnabahar, brokoli, soğan, sarımsak, fesleğen ve maydanozu koyun.

2.Yüksek ateşte 3 ila 4 saat pişirin.

3.Çorbayı mutfak robotuna aktarın; Sütü ve baharatları ekleyin ve pürüzsüz ve homojen hale gelinceye kadar karıştırın. Baharatları tadın ve ayarlayın; krutonlarla servis yapın.

Aile Brokoli ve Ispanak Çorbası

(Yaklaşık 4 saatte hazır | 6 kişilik)

İçindekiler

- 2 bardak su
- 2 bardak sodyumu azaltılmış sebze suyu
- 1 kiloluk brokoli, çiçeklere ayrılmış
- 1 su bardağı doğranmış yeşil soğan
- 3 diş sarımsak, kıyılmış
- 1 tepeleme yemek kaşığı taze kişniş
- 1 dolu yemek kaşığı taze maydanoz
- 2 bardak ıspanak
- Tatmak için tuz
- 1/4 çay kaşığı karabiber

Adresler

1.Bir güveç tenceresinde su, sebze suyu, brokoli, yeşil soğan, sarımsak, kişniş ve maydanozu birleştirin.

2.Yüksek ateşte 3 saat pişirin. Ispanakları ve baharatları ekleyip 20 dakika daha pişirin.

3.Çorbayı mutfak robotuna dökün; pürüzsüz olana kadar işlem yapın.

4.Soğuk veya oda sıcaklığında servis yapın. Bir parça ekşi krema ile süsleyin ve tadını çıkarın!

Lezzetli Kremalı Kuşkonmaz Çorbası

(Yaklaşık 4 saatte hazır | 6 kişilik)

İçindekiler

- 2 su bardağı sebze suyu

- 1 bardak su

- 2 pound kuşkonmaz, ipuçlarını garnitür için ayırın

- 1 soğan ince doğranmış

- 1 çay kaşığı limon kabuğu rendesi

- 2 diş sarımsak, kıyılmış

- 1 çay kaşığı kurutulmuş mercanköşk

- 1 dolu yemek kaşığı taze maydanoz

- 1/2 bardak tam yağlı süt

- 1/4 çay kaşığı beyaz biber

- Tatmak için tuz

Adresler

1.Et suyu, su, kuşkonmaz, soğan, limon kabuğu rendesi, sarımsak, mercanköşk ve maydanozu bir güveç kabına koyun.

2.Yüksek ateşte 3 ila 4 saat pişirin.

3.Bu arada kuşkonmaz uçlarını çıtır çıtır olana kadar buharda pişirin.

4.Çorbayı bir mutfak robotuna dökün; Süt, tuz ve beyaz biberi ekleyip pürüzsüz hale gelinceye kadar karıştırın.

5.Buharda pişmiş kuşkonmaz uçları ile süsleyin ve oda sıcaklığında servis yapın. Ayrıca çorbanızı buzdolabına koyup soğuk olarak da süsleyebilirsiniz.

Kremalı Karnabaharlı Patates Çorbası

(Yaklaşık 4 saatte hazır | 6 kişilik)

İçindekiler

- 3 bardak et suyu

- 1 su bardağı doğranmış havuç

- 3 ½ bardak patates, doğranmış

- 3 su bardağı doğranmış karnabahar

- 4 küçük pırasanın sadece beyaz kısımları doğranmış

- 1 bardak süt

- 2 yemek kaşığı mısır nişastası

- 1 çay kaşığı kurutulmuş fesleğen

- Tatmak için tuz

- Tatmak için karabiber

Adresler

1.İlk beş malzemeyi bir güveç tenceresinde birleştirin; Güveç tenceresini yüksek ateşe koyun ve 3 ila 4 saat pişirin.

2.Geri kalan malzemeleri ekleyin ve 2 ila 3 dakika daha veya koyulaşana kadar pişirin.

3.Çorbayı bir mutfak robotunda veya blenderde istediğiniz kıvama gelinceye kadar püre haline getirin.

4.Baharatları ayarlayın ve ekşi krema ile servis yapın.

şalgam kreması

(Yaklaşık 4 saatte hazır | 6 kişilik)

İçindekiler

- 3 ½ sebze suyu
- 1 ½ su bardağı doğranmış şalgam
- 2 orta boy havuç, doğranmış
- 1 büyük patates, soyulmuş ve küp şeklinde
- 1/2 su bardağı doğranmış soğan
- 2 diş sarımsak, kıyılmış
- 1 yemek kaşığı tamari sosu
- 1/2 bardak tam yağlı süt
- 1/4 çay kaşığı öğütülmüş beyaz biber
- 1 çay kaşığı kurutulmuş kekik
- Tatmak için tuz
- Tatmak için öğütülmüş karabiber
- 3/4 bardak yağı azaltılmış İsviçre peyniri, rendelenmiş
- Garnitür olarak kızarmış ekmek küpleri

Adresler

1.Sebze suyunu bir güveç kabına dökün. Şalgam, havuç, patates, soğan ve sarımsak ekleyin. Güveç kabını yüksek ateşte yerleştirin; yaklaşık 4 saat pişirin.

2.Çorbayı mutfak robotuna dökün ve istenilen kıvama gelinceye kadar karıştırın.

3.Güveç kabına dönün; Tamari sosunu, sütü, beyaz biberi, kekiği, tuzu ve karabiberi ekleyin. 5 dakika daha pişirin.

4.Üstüne İsviçre peyniri serpin. Kızarmış ekmek küpleriyle süsleyip servis yapın.

Ekmekli Kokulu Sarımsak Çorbası

(Yaklaşık 4 saatte hazır | 4 kişilik)

İçindekiler

- 8 diş sarımsak, kıyılmış

- 1 litre sebze suyu

- 1/2 çay kaşığı kurutulmuş kekik yaprağı

- 1/2 çay kaşığı kereviz tohumu

- Tatmak için tuz

- Tatmak için karabiber

- 2 yemek kaşığı zeytinyağı

- 4 dilim ekmek

- Garnitür olarak doğranmış frenk soğanı

Adresler

1.Sarımsak, sebze suyu, kurutulmuş kekik yaprakları ve kereviz tohumlarını bir güveç tenceresinde birleştirin; kapağını kapatıp yüksek ateşte 4 saat pişirin.

2.Tuz ve karabiber ile tatlandırın.

3.Ağır bir tavada zeytinyağını orta ateşte ısıtın. Ekmek dilimlerini her tarafı 2-3 dakika, altın rengi kahverengi olana kadar kızartın.

4.Ekmek dilimlerini çorba kaselerine yerleştirin; Üzerlerine sarımsak çorbasını dökün ve üzerine kıyılmış frenk soğanı serpin. Eğlence!

Avokado ve Patates Çorbası

(Yaklaşık 5 saatte hazır | 4 kişilik)

İçindekiler

- 1 ½ su bardağı tavuk suyu

- 3 su bardağı patates, soyulmuş ve doğranmış

- 1 su bardağı mısır taneleri

- 1 bardak füme hindi göğsü, kuşbaşı

- 1 çay kaşığı kurutulmuş kekik yaprağı

- 1 taze limonun suyu

- 1 bardak avokado, küp şeklinde

- 1 çay kaşığı deniz tuzu

- 1/2 öğütülmüş karabiber

Adresler

1. Tavuk suyu, patates, mısır taneleri, hindi göğsü ve kekiği bir güveç tenceresinde birleştirin.

2. Kapağını kapatıp yüksek ateşte 4 ila 5 saat pişirin.

3. Misket limonu, avokado, tuz ve karabiberi ekleyin. Katılmak.

Sebze Sosis ve Peynir Çorbası

(Yaklaşık 5 saatte hazır | 6 kişilik)

İçindekiler

- 1 bardak tütsülenmiş sosis, dilimlenmiş
- 2 su bardağı düşük sodyumlu et suyu
- 2 ½ su bardağı kremalı mısır
- 1 doğranmış soğan
- 1 ½ su bardağı erik domates, doğranmış
- 1 tatlı kırmızı biber, doğranmış
- 2 bardak tam yağlı süt
- 2 yemek kaşığı mısır nişastası
- 3/4 bardak İsviçre peyniri
- Tatmak için tuz
- 1/4 çay kaşığı karabiber
- 1/4 çay kaşığı acı biber

Adresler

1.İlk altı malzemeyi güveç tencerenizde birleştirin; bir kapakla örtün.

2.Yaklaşık 5 saat boyunca yüksek ateşte pişirin.

3.Sütü ve mısır nişastasını ekleyerek yaklaşık 3 dakika karıştırın.

4.İsviçre peyniri ekleyin; tuz, karabiber ve kırmızı biberle tatlandırın; katılmak.